Sur les traces des...

FONDATEURS DE ROME

GALLIMARD JEUNESSE

ISBN 2-07-054679-9
© Éditions Gallimard-Jeunesse, Paris, 2001
Loi n° 49-956 du 16 juillet 1949 sur les publications destinées à la jeunesse.
Tous droits de traduction, de reproduction et d'adaptation réservés pour tous pays.
1er Dépôt légal : Septembre 2001 - Dépôt légal: Octobre 2003 - N° d'édition : 126987
Photogravure : André Michel
Imprimé par EuroGrafica

Sur les traces des...
Fondateurs **DE Rome**

raconté par Philippe Castejon
illustré par Vincent Desplanche

GALLIMARD JEUNESSE

La fuite de Troie

Depuis près de dix ans la cité de Troie est **assiégée** par la redoutable armée des **Achéens** dont les tentes se dressent aux portes de la ville. Durant ces longues années de combats acharnés, chacun des deux camps a cru pouvoir l'emporter. En vain, les héros troyens et achéens se sont combattus ; en vain, ils ont trouvé la mort. À présent, c'est par la ruse que les Achéens espèrent vaincre la cité dont les murailles, édifiées par **Neptune**, le maître des océans, sont réputées imprenables.

Ulysse aux mille ruses fait construire un immense cheval de bois muni de roues. Pendant ce temps, l'armée achéenne lève le siège. Ulysse convoque alors son cousin et lui dévoile son plan :

– Dans le cheval de bois se cachent des guerriers qui, à la nuit tombée, ouvriront les portes de la ville. Il faut pour cela persuader les Troyens de faire entrer ce cheval dans leur cité. Fais-toi capturer par nos ennemis et fais-leur croire que tu cherches à te venger de nous. Tu

Assiéger : encercler une place pour l'assaillir.
Achéens : nom donné aux Grecs à l'époque de la guerre de Troie.
Neptune : dieu de la mer, chez les Romains.
Ulysse : héros achéen de la guerre de Troie. Son retour, qui a duré près de dix ans, a été raconté dans le long poème d'Homère, l'*Odyssée*.

feindras alors de leur révéler que, s'ils introduisent ce cheval dans leurs murs, alors nous autres Achéens abandonnerons définitivement le siège.

Cette nuit-là, le Troyen Énée dormait paisiblement dans sa demeure, lorsqu'il vit en songe Hector, son ami défunt.

– Hector, d'où viens-tu ? demande Énée. T'es-tu échappé du royaume des morts ? Pourquoi ces larmes coulent-elles sur ton visage ?

– Troie, la cité de nos ancêtres, est sur le point de disparaître. Déjà, les soldats achéens pénètrent dans la ville. Il te faut préserver ce qui peut être préservé. Fuis, Énée, fuis avec les tiens !

À ces mots, Énée bondit hors de son lit, il saisit ses armes et réunit ses compagnons. Ensemble, ils se précipitent vers la citadelle. La vieille ville est en flammes. Partout les soldats ennemis envahissent les rues, mais le palais du roi résiste encore aux assauts. En chemin, ils rencontrent des Achéens :

– Dépêchez-vous, paresseux, les autres sont déjà loin, dit l'un des Achéens, croyant avoir affaire aux leurs.

Aussitôt, Énée et ses compagnons tirent leurs glaives de leurs fourreaux et se ruent sur les Achéens. Surpris, ceux-ci ne peuvent se défendre face à tant de fureur. Rapidement, les compagnons d'Énée prennent le dessus et terrassent leurs adversaires. Ils s'emparent alors de leurs armes et revêtent leurs armures afin d'atteindre promptement le palais royal sans être reconnus.

Presque toute l'armée achéenne s'est rassemblée au pied de la citadelle. La lourde porte du palais royal résiste péniblement aux assauts répétés du **bélier**. Pyrrhus, fils du héros achéen Achille, s'acharne contre cette porte, dernier obstacle qui le sépare de Priam, roi des Troyens. Les défenseurs jettent du haut des murailles des blocs de pierres sur les guerriers achéens.

Bélier : grande poutre dont une extrémité se termine par une masse métallique souvent en forme de tête de bélier. Elle servait à défoncer les portes ou les murs.

Pendant ce temps, Énée et ses compagnons réussissent à pénétrer dans le palais royal par un passage secret, autrefois emprunté par la famille du roi. Lorsqu'ils parviennent à l'intérieur, il est déjà trop tard : le roi Priam est mort. Il gît aux pieds de Pyrrhus qui rit et se moque. Tout semble alors perdu pour les Troyens. Énée est saisi d'un sentiment d'effroi. Que vont devenir les siens ? Son vieux père Anchise connaîtra-t-il le même sort que le vénérable Priam ? Son fils, le petit Ascagne, et sa femme, Créüse, seront-ils réduits en esclavage par les Achéens ?

Hélène : fille de Zeus et de Léda. Hélène était la plus belle des mortelles. Elle épousa Ménélas, roi de Sparte. Son enlèvement par le Troyen Pâris provoqua la guerre de Troie, racontée par Homère dans l'*Iliade*.

Énée se précipite hors de ce lieu qui respire la mort et s'empresse de rejoindre ceux qui lui sont chers. Soudain, il croit apercevoir celle par qui tous les malheurs sont arrivés, celle qui est à l'origine de la guerre de Troie, la belle **Hélène**.

Ivre de rage, la main sur son glaive, il se dirige vers cette ombre blanche. Une voix empreinte de douceur s'adresse alors à lui :

– Mon fils, qui crois-tu punir ainsi ? Ce ne sont pas les Achéens qui détruisent Troie. Ils ne sont que des jouets entre les mains des immortels : **Junon** a juré la perte de Troie. Jusqu'à maintenant j'ai protégé ta famille des guerriers ennemis qui rôdent dans la cité. Rejoins-les au plus vite et quittez cette ville qui n'est plus.

Junon : épouse de Jupiter.

Après avoir prononcé ces dernières paroles, la déesse Vénus s'évanouit dans la brume. Un épais brouillard enveloppe alors Énée et le rend invisible. Ainsi protégé

par sa mère, il reprend sa longue course et gagne sans encombre la demeure paternelle. Son vieux père se tient sur le seuil de la porte ; il guette son retour.

– Nous devons fuir, mon père, s'écrie Énée. Les Achéens sont partout, ils pillent nos maisons et brûlent notre ville. Fuyons vers la montagne. Là, nous armerons un nouveau navire et quitterons cette contrée sur laquelle s'abattent tant de maux.

En prononçant ces mots, Énée prend dans ses bras son fils et Créüse saisit la main du vieil Anchise.

– Je ne puis partir, dit Anchise. J'ai vécu dans cette maison pendant bien des années. Le cours de ma vie arrive

bientôt à sa fin. Vous êtes jeunes, fuyez. Je ne suis qu'un vieillard qui veut mourir chez lui et non en exil.

– Crois-tu que nous puissions t'abandonner ? Mon père, les dieux eux-mêmes sont contre Troie. Si nous ne quittons pas cette cité, nous deviendrons les esclaves des Achéens ou nous périrons tous ici.

Soudain, les cheveux du petit Ascagne se mettent à brûler en brillant de mille feux sous les yeux ébahis de sa famille. Une eau pure et limpide versée sur la tête de l'enfant par Énée met fin à ce **prodige**. À ce moment, le tonnerre retentit et une étoile filante leur indique la direction où fuir. Anchise se soumet alors à la volonté de **Jupiter** qui annonce le destin glorieux de son petit-fils et il accepte de partir. Énée le hisse sur ses épaules, car le vieillard ne se déplace plus qu'avec difficulté, tandis que le petit Ascagne lui donne sa main droite. Créüse les suit. Lentement, dans la noirceur de la nuit, ils se déplacent, envahis par la peur. Des soldats achéens pourraient surgir et les arrêter. Chaque bruit les fait sursauter. Ils parviennent à traverser la cité et se dirigent vers l'antique cyprès sacré, situé hors de la ville, à proximité du temple de **Cérès**. Là, ils doivent retrouver d'autres Troyens qui ont fui comme eux. La porte de la ville est maintenant atteinte et ils se croient hors de danger. Soudain, se retournant, Anchise s'écrie :

Prodige : phénomène extraordinaire que l'on attribue aux dieux.
Jupiter : roi des dieux chez les Romains, maître de la foudre et de l'orage.
Cérès : déesse des moissons chez les Romains.

– Des boucliers achéens scintillent de mille feux. Fuyons, mon fils, fuyons. Ils nous rattrapent.

À ces mots, Énée se met à courir de toutes ses forces. Il quitte le chemin et se dirige tout droit vers les buissons. Après une longue course, il aperçoit enfin le cyprès sacré. Anchise et Ascagne sont avec lui. Progressivement, tous ses compagnons le rejoignent. Mais en vain Énée attend sa femme Créüse que nul n'a vue. Au bout de quelques heures, il décide de partir à sa recherche. Il retourne sur ses pas, cherchant partout un indice de sa présence.

Des heures durant, il erre dans Troie ravagée par les flammes et pillée par les Achéens. Soudain, une forme sans consistance lui apparaît. C'est l'**ombre** de Créüse. Elle s'adresse à lui en ces termes :

Ombre : esprit d'un mort qui conserve une apparence humaine.

– Les dieux ont décidé de m'accueillir dans le royaume des morts. Je ne puis te suivre dans ton long voyage. La mer est ton horizon. Veille sur notre fils. Adieu !

Énée essaie de la retenir mais l'ombre s'évanouit. Il reste seul avec sa douleur et erre dans la cité en flammes.

Accablé de tristesse, Énée retrouve ses compagnons près du vieux cyprès. Entre-temps leur nombre a augmenté. À leur tête, Énée décide de gagner le mont Ida, tout proche. Dans la forêt du mont sacré ses compagnons seront à l'abri et trouveront le bois nécessaire à la construction de navires pour s'enfuir. Tous entreprennent alors l'ascension d'un pas lent. Derrière eux, l'incendie de Troie illumine la nuit.

La Dame d'Elche, déesse celte

L'ESPACE MÉDITERRANÉEN est le berceau de nombreuses civilisations.
De la destruction de Troie au XIIIᵉ ou XIIᵉ siècle av. J.-C. à la chute du dernier roi de Rome, chassé en 509 av. J.-C., celles-ci ont prospéré et c'est à leur contact que s'est forgée la cité de Rome.

Les Étrusques
À partir du IXᵉ siècle av. J.-C. se développe dans le centre de l'Italie la civilisation étrusque. Redoutables guerriers, les Étrusques n'en sont pas moins d'habiles artisans et des commerçants actifs. Au cours du VIᵉ siècle av. J.-C., ils connaissent leur expansion maximale et dominent un vaste territoire allant de Rome au nord de l'Italie (plaine du Pô).

Détail d'un sarcophage étrusque

Les Celtes
Les premières traces archéologiques laissées par les Celtes remontent au IIᵉ millénaire av. J.-C.
Ce peuple occupe progressivement un vaste espace s'étendant de l'Espagne à l'Europe centrale. Au VIIᵉ siècle av. J.-C. les Celtes entrent en contact avec les Étrusques et les Phéniciens et s'installent dans le nord de l'Italie au Vᵉ siècle av. J.-C.

Colonnes d'Hercule

MER MÉDITERRANÉE

• Rom
ITA

Carthage •

SICILE

❝Je ne puis te suivre dans ton long voyage. La mer est ton horizon. Va, Énée !❞

Les Phéniciens
Marchands et navigateurs venus du Proche-Orient, les Phéniciens créent en Afrique du Nord et en Sicile de nombreux comptoirs afin de commercer avec les autres peuples.
Fondée selon la légende par la reine Didon en 014 av. J.-C., la cité de Carthage devient rapidement l'une des cités les plus prospères de la Méditerranée.

Élément de collier en pâte de verre, art carthaginois

Les Grecs

Au cours du VIIe siècle av. J.-C. apparaissent en Grèce de nombreuses cités qui sont de petits États indépendants composés d'une ville et des campagnes alentour. Au même moment commence un vaste mouvement de colonisation. Des Grecs s'installent en Asie Mineure, en Crimée, ainsi que dans le sud de l'Italie où ils fondent à leur tour des cités.

Acropole d'Athènes

MER NOIRE

Troie

IONIE

Athènes

GRÈCE

MER
MÉDITERRANÉE

CRÈTE

PHÉNICIE

Sidon
Tyr

Les Égyptiens

L'Égypte est un «don du Nil». Ce fleuve apporte la prospérité au pays et, depuis le IVe millénaire av. J.-C. une brillante civilisation s'y développe. Considérés comme des demi-dieux, les premiers pharaons font construire de gigantesques pyramides qui leur servent de tombeaux.

**Le sphinx
et la pyramide de Chéops**

D'île en île

Troie n'est plus que cendres. Au large de la cité détruite, de fins navires filent vers un horizon inconnu, emportant à leur bord les derniers survivants des combats. La nuit tombe sur la mer et mille et une questions assaillent Énée. Que vont devenir ses compagnons d'**infortune** ?

– Consulte les dieux pour savoir où les Troyens doivent fonder une nouvelle cité, lui conseille Anchise.

Dès le lendemain, Énée ordonne à ses hommes de prendre la direction de l'île de Délos, où se trouve le **sanctuaire** d'Apollon. Après quelques jours de navigation sous un vent favorable, les Troyens accostent dans l'île. Là, Énée se rend auprès du roi Anius, vieil ami d'Anchise et prêtre d'**Apollon** :

– Nous sommes sans patrie. Nous désirons connaître la volonté d'Apollon. Dans quelle partie du monde devons-nous nous installer ?

À ces mots, et avant même qu'Anius ne réponde, la terre se met à trembler. C'est le signe qu'Apollon est disposé à les aider. Une voix s'élève de nulle part :

Infortune : malheur, malchance.
Sanctuaire : lieu consacré à un dieu.
Apollon : dieu du soleil, des arts et des lettres. Il conseillait également les mortels dans leurs voyages.

– Gagnez la terre dont vous êtes originaires. Là-bas les descendants d'Énée régneront.

Anchise se tourne vers son fils :

– C'est de **Crète** que viennent nos ancêtres. Nous devons nous rendre dans cette île.

Après avoir sacrifié un taureau à Apollon et à Neptune, les Troyens reprennent la mer et voguent jusqu'en Crète. Là, ils débarquent en un lieu désert et, fidèles à la parole d'Apollon, ils fondent une cité, élèvent des murailles et construisent des maisons. Mais, au bout de quelques semaines, un mal mystérieux gagne les compagnons d'Énée, la terre devient stérile et les arbres ne donnent plus de fruits. Énée, inquiet, s'adresse à son père :

– Père, que pouvons-nous faire ? Devons-nous rester ou partir loin d'ici ?

– Retournons à Délos afin de consulter de nouveau Apollon.

La nuit suivante, Énée dort d'un sommeil agité. Soudain apparaissent en songe les images sacrées de ses ancêtres.

– Énée, Apollon ne t'a pas ordonné de t'installer en Crète. Notre famille vient de bien plus loin. Elle vient de ce pays que les Achéens nomment l'Italie. Va, Énée, va vers ces nouveaux rivages où t'attend la gloire.

Au réveil, Énée réunit ses compagnons et leur fait part

de son rêve. Ils décident de faire route vers l'ouest, vers l'Italie. Les navires gagnent le large. Bientôt, plus aucune terre n'est visible. Brusquement, le vent se lève et le ciel se couvre de nuages noirs. Le jour devient nuit. Trois jours durant, une tempête effroyable se déchaîne sur la mer. À l'aube du quatrième jour apparaît un rivage. Les Troyens, affamés, s'y précipitent et tuent quelques bêtes d'un troupeau qui paissait sur la grève. Soudain, au beau milieu de leur repas, Énée et ses compagnons sont attaqués par des monstres aériens aux corps de rapaces et aux visages de

Harpie : monstre ailé au visage de femme et au corps d'oiseau de proie.

femmes. Ce sont les **Harpies**. L'une d'entre elles, la Harpie Céléno, se dresse face à eux.

– Troyens, crie-t-elle d'une voix grave et inquiétante, vous voulez porter la guerre dans notre pays et nous chasser de la terre de nos pères. Apollon vous l'a dit, votre destinée doit s'accomplir en Italie. Vous saurez où fonder votre cité quand vous aurez mangé vos tables. Mais écoutez-moi bien : vous y connaîtrez les pires souffrances et la famine et vous regretterez d'avoir décimé nos troupeaux.

Les Troyens, pris d'effroi, reprennent aussitôt la mer et, de nouveau, le vent les pousse vers une île où ils débar-

quent pour chercher des provisions. Un homme s'avance
à leur rencontre. C'est un Achéen.

– Troyens, je suis Achéménide, compagnon d'Ulysse.
Vous êtes sur l'île du cyclope Polyphème. Ce fils de
Neptune se nourrit de chair humaine. Plusieurs de mes
compagnons ont été enfermés dans sa grotte et lui ont
servi de repas. Ulysse lui a crevé son œil unique, mais
cent de ses frères vivent sur cette île.

À peine Achéménide a-t-il prononcé ces mots qu'un
bruit sourd se fait entendre.

– C'est Polyphème ! dit Achéménide en saisissant le
bras d'Énée. Vite, fuyons !

Tous se précipitent sur les bateaux et se mettent à ramer. Mais le géant aveugle entend le bruit des rames et comprend que des intrus ont pénétré sur son île. Armé d'un tronc d'arbre qui lui sert de canne, il cherche à se saisir d'un des navires. Mais déjà les Troyens sont hors d'atteinte. L'avisé Achéménide leur montre le chemin.

C'est alors qu'un nouveau malheur s'abat sur Énée : Anchise, épuisé par tant de péripéties, rend son dernier soupir. Énée se sent bien seul à présent. Ni Apollon ni même Céléno ne lui avaient prédit la disparition de son père. Comment va-t-il conduire son peuple en Italie sans les précieux conseils du sage Anchise ?

Au cours de ce périple, un autre danger s'abat sur la flotte troyenne : Junon découvre les survivants de la cité dont elle a juré la perte. Ne risquent-ils pas de fonder une nouvelle Troie ? Furieuse, elle exige d'**Éole** qu'il déchaîne la tempête sur les flots. Énée se désespère. La flotte troyenne est dispersée et les autres navires ont disparu. Comment les retrouver ? Neptune, le dieu de la mer, se rappelant le sacrifice qu'Énée lui avait consacré, apaise les flots. Une nouvelle terre apparaît alors à l'horizon. C'est la terre africaine. Énée décide de l'explorer avec l'un de ses compagnons. Ils débarquent, parcourent la côte puis gagnent la forêt. Là, au détour d'un chemin, ils rencontrent une jeune chasseresse.

Éole : maître des vents chez les Romains.

– Tu ne peux être que Diane, lui dit Énée.

– Non, répond Vénus qui a changé de forme pour ne pas être reconnue par son fils. Je ne suis qu'une mortelle. Allez vers le sud. Vous êtes à proximité de la cité de **Carthage**, où règne Didon. Elle ne vous refusera pas les lois de l'**hospitalité**.

– Nous avons connu tellement de malheurs. Notre cité de Troie est détruite et j'ai perdu mes compagnons dans la tempête.

– Tes compagnons sont sains et saufs et tu les retrouveras d'ici peu à Carthage, dit Vénus.

Au moment même où elle disparaît dans une brume, Énée reconnaît sa mère. Enveloppés dans cette brume mystérieuse – celle-là même qui avait déjà protégé Énée lors de sa fuite de Troie – les deux compagnons se mettent en route vers Carthage qu'ils atteignent sans encombre. Une fois arrivés, ils pénètrent dans un temple où se tient la reine. Devant elle sont rassemblés les Troyens disparus lors de la tempête. Didon leur accorde sa protection :

– Valeureux Troyens, je connais vos souffrances et vous pouvez, si vous le désirez, demeurer parmi nous. Vous êtes ici en sécurité.

Aussitôt, les Troyens acclament la reine. Énée et son compagnon s'avancent à leur tour et la brume qui les protégeait s'évanouit. Ils deviennent visibles de tous.

– Regardez, c'est Énée ! s'écrie soudain l'un des Troyens.

Didon invite alors le valeureux Énée au banquet du

soir. Mais Junon imagine une nouvelle ruse pour empêcher Énée de voguer vers l'Italie : elle dépêche **Cupidon**,

Cupidon : dieu de
l'amour chez les
Romains.

qui décoche une flèche d'amour sur Didon.
Aussi, au cours du repas, la reine ne peut déta-
cher son regard d'Énée.

Le temps passe et jour après jour sa passion grandit. Ne
pouvant davantage garder secret cet amour, Didon se
confie à sa sœur :

– Depuis la venue des Troyens je suis tourmentée. Mon
cœur s'est enflammé et je ne cesse de penser à Énée. Cet

étranger a éveillé en moi une passion dévorante. Crois-tu que cet amour puisse être partagé ?

– Puissent les dieux t'accorder l'amour de cet homme, lui répond sa sœur.

Énée et ses compagnons coulent maintenant des jours heureux à la cour de Didon. Un jour, au cours d'une partie de chasse, la nuit tombe soudainement, accompagnée de grêle. C'est l'œuvre de Junon. Les chasseurs se dispersent. Énée et Didon trouvent alors refuge dans une grotte. Ils deviennent amants et se jurent un amour éternel.

Cependant le roi **numide** Iarbas, prétendant de Didon, est mis au courant et, jaloux, se plaint à Jupiter. Le roi des dieux est courroucé : Énée néglige sa mission ! Il a oublié qu'il devait fonder une nouvelle cité en Italie ! Sans plus attendre, Jupiter ordonne à Énée de quitter Carthage et sa bien-aimée et de reprendre la mer pour aller accomplir sa destinée. Didon essaie en vain de retenir son amant. Elle pleure et tente par tous les moyens de convaincre Énée de rester auprès d'elle. Mais rien n'y fait. Énée doit partir.

Numides : peuple nomade d'Afrique du Nord.

Le lendemain, accablée de douleur, Didon assiste impuissante au départ des Troyens. La reine de Carthage fait préparer un énorme bûcher afin d'y brûler tous les objets qui lui rappellent Énée. Au dernier moment, folle de chagrin, elle s'y précipite.

LA MER MÉDITERRANÉE est pour les Anciens un espace fermé et le centre du monde connu. Elle est à la fois un lieu redouté, où les tempêtes menacent les navires, et le lieu de nombreuses activités. La mer, synonyme de dangers, est également source de richesses pour les populations riveraines.

Côte méditerranéenne

Neptune sur son char

❝Les navires gagnent le large. Bientôt plus aucune terre n'est visible. Soudain, voici que le vent se lève et que le ciel se couvre de nuages noirs.**❞**

Neptune, dieu de la mer
Frère du roi des dieux Jupiter, Neptune règne sur tous les océans. Surgissant de son char marin armé d'un trident, il déchaîne les tempêtes. De nombreux sacrifices lui sont offerts par les marins afin d'attirer sa bienveillance.

Caps
Avec leur relief escarpé, leur couleur blanche et leur végétation de pins et d'oliviers, les caps sont avec les îles un des **paysages** caractéristiques du monde **méditerranéen**. Ils servent de repères aux navigateurs et sont souvent des espaces dédiés aux dieux.

Les amphores

Le commerce maritime est ancien en Méditerranée. Des récipients appelés amphores servaient à transporter de nombreux produits comme le vin ou l'huile d'olive. Les voies maritimes permettaient d'acheminer plus de marchandises que les voies terrestres.

La pêche

Les Anciens pratiquaient la pêche au filet ou à la ligne sur des barques. Les poissons constituaient une des bases de l'alimentation, car les cités n'étaient jamais très éloignées des côtes. La pêche (en particulier la pêche au thon) pouvait faire la fortune de certaines cités.

La piraterie

Elle est aussi ancienne que le commerce maritime. D'ailleurs, le marchand pouvait devenir occasionnellement un pirate. Certains peuples marchands comme les Phéniciens ou les Étrusques passaient pour être de redoutables pirates.

La descente aux Enfers

Non loin du rivage de Cumes, dans une grotte aux innombrables galeries, vit la **Sibylle**, une prêtresse au regard effrayant. C'est par sa bouche qu'Apollon dévoile aux hommes l'avenir. C'est vers elle que vogue le pieux Énée. Seul, il pénètre dans l'antre de la prêtresse quand, soudain, il est arrêté par sa voix :

Sibylle : femme inspirée par les dieux. La plus célèbre vivait à Cumes, dans le sud de l'Italie.

– Que veux-tu, mortel ? Apollon t'écoute !

– Prophétesse, dit-il, demande à ton dieu dans quelle partie de l'Italie nous devons fonder notre cité.

À ces mots, le visage de la prêtresse se métamorphose brusquement. Ses traits perdent toute humanité. Apollon prend possession du corps de la Sibylle.

D'une voix pleine de gravité, Apollon répond :

– C'est à Lavinium que les Troyens s'installeront. Je vois cependant que de durs combats vous y attendent.

Va sans crainte, Énée, ton audace sera ta plus sûre alliée.

Les paroles du dieu emplissent Énée de satisfaction tandis que la Sibylle reprend peu à peu forme humaine. Après un long moment d'attente, Énée lui adresse une nouvelle requête :

– Vénérable prêtresse d'Apollon, les Anciens racontent que la porte des Enfers est toute proche. Je dois me rendre dans le royaume des morts. Mon père m'y attend. Je t'en prie, permets-moi de revoir son visage.

– Il est aisé de descendre dans le royaume d'**Hadès**, lui répond la Sibylle, mais peu de mortels en sont revenus. Fils de Vénus, j'y guiderai tes pas si les dieux y consentent et avec moi tu retrouveras le monde des vivants.

Hadès : dieu du royaume des morts chez les Grecs. Les Romains le nommaient Pluton.
Achéron : fleuve des Enfers.
Sépulture : lieu où l'on enterre un mort.

Après avoir marché pendant un long moment, ils arrivent enfin devant un large fleuve boueux, l'**Achéron**, qui les empêche de progresser plus avant. Sur l'une des berges errent des malheureux.

– Qui sont ces êtres ? demande Énée.

– Ce sont les hommes morts sans **sépulture**, lui répond la prêtresse d'Apollon. Ils sont condamnés à rester en ces lieux. Au bout de cent ans, ils pourront enfin traverser l'Achéron.

Sur l'un des bords du fleuve se tient un être repoussant. Un manteau sale et misérable pend sur ses épaules et son regard est sans vie. C'est Charon, le passeur, celui qui fait

traverser le fleuve aux morts. De sa perche il pousse sa barque vers l'autre rive.

– Étrangers, je ne peux faire traverser les vivants, leur dit-il, seuls les morts peuvent monter dans ma barque. De l'autre côté du fleuve se trouvent les Enfers.

La Sibylle tire alors de sa manche un rameau d'or. À sa vue, Charon se tait et embarque les deux voyageurs.

En les voyant arriver, un molosse à trois têtes, Cerbère, se met à aboyer avec fureur, il tire sur sa chaîne violemment et des serpents se dressent autour de ses cous. La Sibylle lui tend un gâteau de miel aux vertus **soporifiques**.

Soporifique : qui entraîne le sommeil.

Le monstre affamé se jette dessus et le dévore. Il sombre aussitôt dans un profond sommeil. Énée et la Sibylle peuvent alors franchir le seuil du royaume des morts.

Des lamentations s'élèvent de toutes parts. Ce sont les cris des innocents condamnés injustement, ceux des suicidés et ceux qui sont morts par amour. Une ombre s'enfuit. Énée reconnaît Didon.

– Reine de Carthage, pourquoi les dieux ne m'ont-ils pas permis de demeurer en ton royaume ? Didon, je ne cesserai jamais de t'aimer, lui crie-t-il.

Mais déjà l'ombre de la reine se dissipe au loin.

Les larmes aux yeux, Énée est pressé par la Sibylle de continuer son voyage. Après une longue marche, la prêtresse d'Apollon s'arrête au croisement de deux chemins.

– À droite se situe l'**Élysée**. Là vivent les bien-heureux. Tu y trouveras ton père et bien d'autres hommes valeureux. À gauche commence le Tartare, où tous les criminels sont châtiés.

Ils pénètrent dans l'Élysée. Quelle n'est pas la surprise d'Énée à la vue de ce monde de clarté et de beauté ! Les prairies sont couvertes de fleurs merveilleuses et les bosquets résonnent des chants d'une multitude d'oiseaux. Lorsqu'il revoit enfin son père, Énée ne peut retenir son émotion et il éclate en sanglots.

– Ne pleure pas, mon fils, dit Anchise, nous voilà à nouveau réunis.

– Mon père, es-tu heureux ici ?

Sans répondre, Anchise montre d'un geste le monde extraordinaire qui l'entoure. Sa main désigne un fleuve dont les eaux coulent paisiblement.

– Voici le Léthé. Celui qui s'y désaltère y trouve l'oubli. Les maux terrestres sont emportés à jamais par ses eaux pures. Le passé n'est qu'oubli, mais je passe mes journées à penser à l'avenir. Tes descendants régneront sur Albe la Longue. L'un d'entre eux fondera l'illustre cité de Rome, celle qui deviendra un jour le centre de l'univers. Des siècles glorieux attendent notre famille.

Ces retrouvailles emplissent Énée de bonheur, mais déjà la Sibylle le rappelle :

– Énée, il est temps de retourner parmi les vivants.

Anchise raccompagne ses visiteurs vers la porte d'ivoire par laquelle ils rejoignent rapidement le monde des vivants.

À son retour, Énée est accueilli avec joie par tous ses compagnons et ensemble ils embarquent vers cette nouvelle patrie dont ils ne connaissent que le nom : Lavinium. Au bout de quelques jours de navigation, les provisions viennent à manquer. Ils accostent en un lieu inconnu et tous se dispersent à la recherche de nourriture. Une fois revenus chargés de leur butin, Énée et ses plus fidèles compagnons s'installent à l'ombre d'un grand chêne. En guise de table, ils utilisent d'énormes galettes de froment

sur lesquelles ils disposent les fruits qu'ils viennent de cueillir. Le repas est frugal, et les hommes affamés, aussi chacun mange-t-il une part de ces galettes. Le jeune Ascagne s'exclame en riant :

– Il ne nous reste ni fruits ni viande. Nous voilà condamnés à manger notre table ou à mourir de faim !

À ces mots, Énée comprend.

– Nous sommes arrivés, déclare-t-il. La prophétie de Céléno s'est accomplie. Nous avons mangé nos tables !

C'est un immense soulagement pour tous les Troyens. Par leurs prières ils remercient les dieux de les avoir si bien guidés.

Dès le lendemain, Énée trace les contours de sa ville, Lavinium, avec une charrue. Il envoie également quelques-uns de ses compagnons explorer les alentours et offrir des cadeaux au roi de ce pays.

Ce jour-là, dans son palais, le roi Latinus est anxieux. La veille, un prodige s'est produit. Au cours d'un sacrifice à Apollon, des flammes ont voltigé au-dessus de la tête de son unique fille, Lavinia, et un laurier s'est transformé en essaim d'abeilles. Le **devin** aussitôt consulté lui en explique la signification :

– L'essaim d'abeilles représente la venue d'une armée étrangère qui s'installera ici. Les flammes sont le **présage** du destin fabuleux de ta fille mais aussi d'une terrible guerre. Elle épousera un étranger et de leur union naîtront des enfants qui domineront le monde.

L'arrivée des compagnons d'Énée avec des cadeaux en gage de paix procure au roi une immense joie. Les Troyens le saluent et demandent la permission de fonder officiellement une ville sur son territoire. Latinus leur répond :

– Allez dire à votre chef que la paix régnera entre nous. Vous êtes nos alliés et nos amis. Par un **oracle** ma fille est promise à un étranger. Qu'Énée soit cet homme. Allez lui porter mon message.

Devin : personne qui peut prévoir l'avenir en communiquant avec une divinité.
Présage : signe que les dieux adressent aux mortels.
Oracle : réponse d'une divinité à la question d'un mortel. L'oracle le plus connu était celui de Delphes.

Depuis l'Olympe, Junon observe avec fureur l'arrivée des Troyens. Elle est décidée à empêcher leur installation sur le sol italien. Par l'entremise de la **Furie** Allecto, elle attise la colère de Turnus, roi des **Rutules**, à qui était promise Lavinia. Turnus rallie de nombreux peuples voisins contre les étrangers. Une longue guerre se prépare. Cependant Énée ne peut qu'être confiant : il a foi en l'avenir qu'il sait glorieux pour sa famille.

Furie : divinité de la vengeance chez les Romains.

Rutules : peuple d'Italie qui vivait dans le Latium.

Tombe du plongeur

LES COUTUMES FUNÉRAIRES connaissent une évolution à la fin du VIIIe siècle av. J.-C. : l'incinération, qui consiste à brûler les corps sur un bûcher, est remplacée en partie par l'inhumation, qui consiste à enterrer les corps. Les tombes se multiplient en Italie.

Urne étrusque avec des bras articulés placés dans les anses.

Le passage de la vie à la mort
Dans les tombes des défunts qui étaient inhumés, de nombreux objets accompagnaient le mort. Les tombes des personnages les plus riches étaient décorées de **fresques** aux thèmes variés

(thèmes historiques, scènes de banquet, défilés militaires…). Sur la fresque de **la tombe du plongeur,** l'homme, en se précipitant vers l'océan, quitte symboliquement le monde des vivants pour aller rejoindre celui des morts.

Les urnes funéraires
Les cendres des défunts, qui avaient été incinérés, étaient recueillies dans de petits récipients appelés urnes, en terre, en bronze ou en marbre. Ces urnes étaient déposées dans les tombeaux.

> **Énée et la Sibylle franchissent alors le royaume des morts. Des cris s'élèvent de toutes parts.**

La sépulture

Plusieurs sépultures d'une même famille pouvaient être contenues dans les tombeaux des familles les plus riches. Elles étaient souvent individualisées : sur les sépultures, des sarcophages représentaient le mort et souvent un objet permettait d'identifier les fonctions qu'il occupait de son vivant. Sur la cuve (partie inférieure de la sépulture), des scènes étaient sculptées ou peintes.

L'haruspice

Les Étrusques cherchaient à interpréter la volonté des dieux à travers l'examen du foie d'animaux sacrifiés. Seul un petit groupe d'hommes, les haruspices, savait lire les présages des dieux.

Sarcophage étrusque

Dos de miroir gravé d'un haruspice examinant un foie.

Le dieu et la vestale

L'Italie n'est plus que ruines. Depuis plusieurs années déjà les combats font rage. Turnus, le protégé de Junon, a rallié à lui la plupart des peuples et des cités de la péninsule contre Énée, que protège sa mère, Vénus. Le combat des hommes fait écho à la querelle des dieux. La sérénité de l'Olympe en est troublée. Jupiter, exaspéré, décide d'interdire aux dieux d'apporter leur aide aux mortels. Privé du soutien de Junon, Turnus est rapidement vaincu par Énée. Mais tous les ennemis des Troyens ne sont pas défaits. Ils doivent affronter la redoutable armée des **Tyrrhéniens**. L'issue de la bataille est incertaine. Pour forcer le destin, Énée s'expose de plus en plus, incitant ses troupes à le suivre. Alors que la victoire est acquise, le valeureux Énée reçoit un coup mortel.

Tyrrhéniens : nom donné aux Étrusques par les Romains.

Son fils Ascagne lui succède auprès des Troyens et fonde, non loin de Lavinium, sa cité : Albe la Longue. De génération en génération les descendants d'Énée règnent sur Albe et font prospérer la petite cité. À présent, le roi Procas la gouverne avec sagesse.

Procas a deux fils : Numitor et Amulius. L'aîné,

Numitor, a hérité des vertus de son père. Procas souhaite qu'il lui succède un jour. Le cadet, Amulius, est dévoré par la jalousie et, bien souvent, de terribles querelles éclatent entre les deux frères. Un jour Amulius insulte son aîné en présence de Procas :

– Tu n'es qu'un lâche, Numitor ! Tu ne mérites pas de régner un jour.

Sentant sa fin prochaine, Procas, las de tant de disputes, convoque un jour ses fils et leur dit :

– Mes enfants, nos ancêtres ont dû fuir leur patrie et ont trouvé refuge en Italie. Ici doit régner la paix. Nulle rivalité ne doit exister entre vous. Ensemble vous devez guider notre peuple. L'un d'entre vous régnera, mais

l'autre ne sera pas lésé pour autant. À ma mort, Amulius, tu partageras l'héritage en deux parts et ton frère aîné choisira la sienne.

Les deux fils approuvent la décision de leur père.

Peu de temps après cette entrevue, le vieux roi Procas s'éteint. Toute la cité d'Albe est en deuil. Chacun pleure ce bon roi qui apportait la paix. Un de ses fils lui succédera, mais lequel ? Les deux frères se réunissent et Amulius prend la parole :

– Notre père a décidé que ce serait moi qui diviserais en deux parts notre héritage. Écoute alors ma décision. L'un de nous deux sera le roi de la cité d'Albe et l'autre recevra

les richesses de notre famille. Choisis donc ta part, mon frère, dit-il en esquissant un sourire.

Quel que soit le choix de son frère, Amulius entend s'approprier et le trône et les richesses. Si Numitor devient roi, Amulius sera assez riche et puissant pour lui confisquer son royaume. Si c'est lui le roi, il dépouillera son frère de tous ses biens.

– Puisque telle est ta volonté, mon frère, je choisis le royaume, dit-il d'un ton désabusé. Je respecterai le vœu de notre père.

Numitor devient donc le nouveau roi d'Albe et Amulius l'homme le plus puissant et le plus craint de la cité. Ce dernier, rongé par l'ambition et la jalousie, ne tarde pas à accuser son frère d'un méfait qu'il n'a pas commis. Ce prétexte lui permet de se débarrasser de son rival. Mais, par crainte d'offenser les dieux, Amulius renonce à tuer Numitor et il le chasse hors de la ville en l'obligeant à demeurer sur ses terres. Des gardes veillent à ce qu'il ne s'échappe pas. Dans la cité, nul n'ose plus s'opposer à Amulius, qui prend alors le titre de roi.

Cependant, Amulius n'est pas tranquille. Il songe en effet que la fille de son frère, Rhéa Silvia, pourrait un jour engendrer des enfants. Ne réclameront-ils pas leur héritage ? Amulius décide de convoquer Rhéa Silvia.

– Ma nièce, tu n'es pas sans savoir que dans le temple

de Vesta brûle le feu sacré de notre cité. Les femmes veillent à ce que jamais celui-ci ne s'éteigne. Le sort de la cité en dépend. L'une d'elles vient de mourir et il faut la remplacer. Il n'est nul honneur plus grand que de devenir prêtresse de Vesta. Aussi ai-je décidé, après bien des hésitations, de te nommer **vestale**. Rhéa Silvia ne peut cacher sa joie. Elle court jusqu'à la chambre de sa cousine Antho et lui fait part de la bonne nouvelle. La joie d'Antho, la fille d'Amulius, est teintée d'amertume : elle sait que cette condition de vestale va retenir sa cousine tant aimée loin d'elle. Quelques jours après, Rhéa Silvia revêt la tunique blanche des prêtresses et rejoint le **collège** des vestales.

Vestale : jeune fille vierge, prêtresse de Vesta, chargée du feu sacré de la cité.
Collège : groupe de prêtres ou de prêtresses chargé du culte rendu à une divinité.

Rhéa Silvia est désormais rarement au palais et Antho en ressent une grande tristesse. Antho se rend alors auprès d'Amulius :

– Mon père, je veux rejoindre Rhéa Silvia et devenir vestale, tout comme elle.

– J'ai d'autres projets pour toi, ma fille, lui répond Amulius. Un brillant mariage t'attend. Ne sais-tu pas que les vestales n'ont pas le droit de se marier et d'avoir des enfants ? Si tu deviens, toi aussi, prêtresse de Vesta, tu ne pourras me donner l'héritier qui un jour me succédera.

Antho comprend alors, mais trop tard, la ruse de son père.

Pendant ce temps Rhéa Silvia accomplit avec fierté ses obligations de vestale. Elle entretient le feu sacré et participe aux fêtes de la cité. Un jour pourtant elle va au palais trouver sa cousine. Elle est en larmes :

– Ma très chère Antho, tu es pour moi comme une sœur et je dois te confier un terrible secret. Il y a quelque temps de cela, alors que j'étais seule près des bois sacrés, un jeune guerrier est venu à ma rencontre. Son bouclier brillait de mille feux et sous un casque richement décoré se cachait le visage du dieu de la guerre. Mille fois je l'ai

Mars : dieu de la guerre chez les Romains.

supplié de ne pas chercher à me revoir mais en vain. **Mars** m'a séduite. Si je viens te trouver maintenant, c'est que je ne sais que faire : j'attends un enfant de ce terrible guerrier.

À peine Rhéa Silvia a-t-elle achevé sa phrase que le roi Amulius se dresse devant elle, menaçant. Caché non loin de la chambre de sa fille, il a tout entendu.

– Inconsciente, ne sais-tu quel sort attend les vestales qui ont enfreint les règles ! Elles sont emmurées vivantes pour expier leur faute. Gardes, emmenez-la en prison, dit le roi en désignant la vestale.

Avant que le roi n'ait quitté la pièce, la jeune Antho se jette à ses pieds :

– Mon père, Rhéa Silvia est comme ma sœur. Nous avons grandi ensemble. Si elle doit mourir, alors je la suivrai dans la mort.

Le roi Amulius est furieux car son plan a échoué ; ce qu'il avait tant redouté est sur le point d'advenir. Rhéa Silvia va peut-être mettre au monde l'héritier qui un jour le détrônera et vengera son grand-père Numitor. Il faut l'en empêcher. Cependant, il aime trop sa fille pour risquer de la perdre.

– Eh bien soit, ta cousine sera épargnée, mais son enfant, qu'il soit fils de dieu ou de mortel, me sera confié.

Après plusieurs mois d'attente, le jour de la naissance de

l'enfant de Rhéa Silvia est venu. Quelle n'est pas la surprise d'Amulius lorsqu'on lui annonce que Rhéa Silvia a enfanté non pas un fils mais des jumeaux qu'elle prénomme Romulus et Remus ! Mais Amulius ne désarme pas : il reste bien décidé à écarter la menace qui pèse sur son trône.

JUPITER, MARS ET QUIRINUS sont les trois dieux principaux de Rome. Ils forment la «triade capitoline» et dominent l'ensemble des autres dieux. Un culte leur est rendu d'abord sur la colline du Quirinal puis sur celle du Capitole. D'autres divinités moins importantes étaient également honorées car à chaque activité correspondait une divinité.

Mars

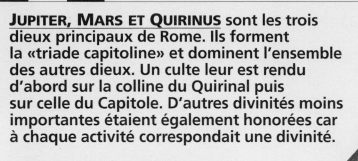

La Maison des vestales, dans le forum romain

Atrium de la maison des vestales

Mars

Dieu de la guerre et des combats, Mars était une divinité redoutée. On le représente le plus souvent avec son casque et ses armes. Le mois qui marquait le début de l'année guerrière prit le nom du dieu de la guerre. De la **vestale** Rhéa Silvia il eut deux fils, Romulus et Remus.

Maison des vestales

Dressée au sud du **forum**, le bâtiment circulaire du temple de Vesta est l'un des plus anciens temples de Rome. Là, brûlait le feu sacré de la ville. Les prêtresses de la déesse Vesta étaient chargées de l'entretenir. Symbole de l'immortalité de la cité, ce feu ne devait jamais s'éteindre.

Jupiter

Jupiter et Junon

Mercure

> **Son bouclier brillait de mille feux et sous un casque richement décoré se cachait le visage du dieu de la guerre.**

Jupiter et Junon

Maître de la foudre et de l'orage, Jupiter était le roi des dieux. Les rois de Rome prenaient soin de l'honorer comme la principale divinité de la cité. Sœur et épouse de Jupiter, Junon était la déesse du mariage et des femmes. Le paon et la grenade lui étaient associés.

Les autres dieux

Parmi les autres dieux, Apollon et Mercure occupent une place importante à Rome. Fils de Jupiter et de Latone, Apollon fut pendant longtemps honoré à Rome et en Étrurie (sous le nom d'Aplu) pour ses talents de guérisseur. Il était également le dieu du soleil et des arts. Fils de Jupiter et de Maia, **Mercure**, lui, est le dieu des voyageurs et des marchands. C'est lui qui accompagne l'âme des morts aux Enfers.

Les enfants de la louve

Un serviteur d'Amulius se hâte dans la nuit. Il quitte le palais d'un pas rapide et se dirige vers le fleuve. D'une main il tient une torche qui le guide dans l'obscurité, de l'autre un lourd panier d'osier où dorment les enfants de Mars et de Rhéa Silvia. Amulius lui a confié la terrible mission de précipiter les jumeaux dans le **Tibre**. Il ne peut cependant s'approcher du fleuve : depuis plusieurs jours déjà, le Tibre déborde de son lit. L'homme décide donc d'abandonner le panier sur l'une des berges inondées. Le courant fera le reste, pense-t-il, et les enfants seront rapidement noyés. Il observe un moment le panier qui s'éloigne sur les flots puis rentre au palais.

> **Tibre :** fleuve qui délimite la frontière entre le Latium (région de Rome) et l'Étrurie.

Après avoir longtemps dérivé, le panier finit par s'immobiliser entre des roseaux. Les deux nouveau-nés semblent condamnés à une mort certaine. Cependant, du haut de l'Olympe, le dieu Mars veille sur ses fils et envoie auprès d'eux une protectrice inattendue...

Au petit matin, une louve que la soif a amenée à quitter les montagnes s'approche du panier. Elle se couche auprès des jumeaux qui, tiraillés par la faim, ne cessent de pleurer, et leur présente ses mamelles. Les enfants s'en saisissent avidement puis, une fois rassasiés, retombent dans un profond sommeil. Plusieurs jours durant, la louve se rend auprès des nouveau-nés. Comme une mère, elle écarte d'eux tout danger et les allaite.

Non loin du fleuve vit un berger du nom de Faustulus. Un jour, alors qu'il rentre chez lui avec son troupeau, bien avant que le soleil ne se couche, il aperçoit un objet coincé entre les roseaux, sur la berge du fleuve. Il s'approche et découvre, stupéfait, les deux nourrissons endormis dans leur panier. Il s'empare de ce précieux fardeau et court jusque chez lui.

– Larentia ! Larentia ! Regarde ce que j'ai trouvé non loin d'ici en revenant des champs, dit-il à sa femme, en désignant le panier d'osier où gazouillent les deux nouveau-nés.

– Ce sont les dieux qui t'ont mené jusqu'à ces deux petits enfants, s'écrie-t-elle. Ils nous les ont confiés ! Nous les élèverons dans le plus grand secret comme nos propres fils.

Romulus et Remus grandissent parmi les bergers. Dès
leur plus jeune âge, ils mènent les troupeaux avec leur père
et passent le plus clair de leur temps dans les bois. Car la
forêt les attire, ils aiment y chasser et se mesurer aux bêtes
sauvages.

Un jour, alors qu'ils se sont aventurés loin de la demeure
de Faustulus et Larentia, ils surprennent des brigands se
partageant un butin. Sans échanger une parole, ils décident de les chasser à coups de bâton. Ce sont à présent

deux jeunes hommes forts et courageux et les voleurs sont rapidement dispersés.

Chaque année les bergers du Latium, vêtus de peaux de chèvre, se rassemblent pour honorer leur dieu, **Pan**. À l'oc-

Pan : dieu des bergers.   casion de ces fêtes, ils s'affrontent pacifiquement au cours de différents concours. Romulus et Remus aiment y retrouver leurs compagnons et participer aux réjouissances. Cette année-là, comme à leur habitude, ils s'y rendent ensemble afin de prendre part à la course et, en route, traversent les terres de Numitor.

Soudain, les voici face aux brigands qu'ils avaient chassés et dépouillés ! Les deux frères, armés de simples bâtons, résistent vaillamment mais les brigands sont trop nombreux. Romulus parvient à prendre la fuite mais Remus est fait prisonnier. Il est emmené auprès du roi Amulius.

– Nous avons surpris ce brigand sur les terres de ton frère, dit le chef des voleurs. Avec sa bande il nous a attaqués. Nous les avons mis en déroute et avons fait prisonnier celui-ci. Nous te le livrons maintenant, roi Amulius. Que justice soit faite !

– Si ce brigand s'en était pris à mes propres terres, il serait déjà mort. Cependant c'est à mon frère qu'il revient de faire justice. Gardes, livrez cet homme à Numitor.

Depuis qu'il a été chassé du trône par son frère, Numitor vit retiré sur ses terres. Aussi est-il surpris lorsqu'il voit les gardes du roi pénétrer dans sa demeure avec un prisonnier, enchaîné comme un esclave. Les gardes d'Amulius lui remettent Remus. Numitor s'adresse alors au prisonnier :

– Étranger, tu pilles mes terres et mes biens !

– Je ne suis pas un brigand. Ce sont eux, les voleurs, ils dépouillent les bergers.

– Qui es-tu ? Tu parais bien jeune. Quel âge as-tu ?

– Je suis le fils du berger Faustulus et de Larentia, répond-il fièrement. Je suis né avec mon frère, Romulus, l'année de la grande inondation du Tibre.

Numitor est intrigué par le jeune homme dont la fierté et la prestance ne peuvent être celles d'un simple berger. Il décide d'en savoir plus.

Au même moment, Romulus, qui a échappé à l'embuscade, revient en courant auprès de Faustulus. Il lui raconte ses mésaventures :

– Les brigands ont livré mon frère au roi Amulius.

– Quoi ! Nous sommes perdus, mon enfant !

– Pourquoi donc, mon père ?

– Romulus, je dois te confier un secret que nous gardons

depuis bien des années : Larentia et moi, nous ne sommes pas vos vrais parents, même si nous vous avons élevés comme nos propres enfants.

– Quoi ? Que me dis-tu ? Nous ne sommes pas vos enfants ? l'interrompt Romulus.

– Non, Romulus. Mais écoute à présent mon récit : c'est moi qui, un soir, guidé vers vous par les dieux, vous ai découverts dans un panier sur les berges du Tibre. À cette époque les deux fils de la prêtresse Rhéa Silvia et du dieu Mars avaient mystérieusement disparu et nombreux étaient ceux qui pensaient que le roi Amulius s'était débarrassé de ses neveux. Vous êtes leurs enfants et leurs héritiers. Mais, à présent, si Amulius découvre la vérité, nous sommes en danger...

Un autre berger fait alors irruption dans la maison et s'adresse à Faustulus :

– Ton fils est entre les mains de Numitor !

– Romulus, cours rassembler les bergers qui nous sont fidèles, s'exclame Faustulus. Pendant ce temps je me rends auprès de Numitor. Puissent les dieux être avec nous !

Muni du panier en osier, Faustulus se précipite au palais de Numitor, et lui raconte toute l'histoire. L'ancien roi est bouleversé par ces révélations et comprend que celui qu'il détient dans sa prison est Remus, ce petit-fils qu'il a si longtemps recherché. Numitor le fait aussitôt libérer et le serre dans ses bras.

Peu après, Romulus arrive au palais : après tant d'années, le grand-père et ses deux petits-fils se retrouvent enfin !

Mais ce bonheur est de courte durée : la menace d'Amulius plane toujours. S'il apprenait que les héritiers du trône sont vivants et de retour, sa vengeance ne se ferait pas longtemps attendre ! Romulus ne peut cacher son inquiétude :

– Qu'allons-nous devenir ?

– Il faut renverser ce tyran ! s'exclame Remus. Prenons son palais d'assaut !

Nombreux sont les Albains qui rejoignent les rangs de la petite armée de bergers de Romulus et de Remus car Amulius est un souverain détesté.

Pour ne pas éveiller les soupçons, la troupe s'introduit dans la cité par petits groupes. Tous convergent vers le palais royal. Attaqués par surprise, les gardes d'Amulius ne peuvent se défendre et le palais tombe rapidement aux mains des partisans de Numitor.

Insurrection : soulèvement contre un gouvernement.

Devant cette **insurrection**, Amulius comprend qu'il est perdu et tente de prendre la fuite. Mais Remus l'aperçoit qui se sauve, s'élance à sa poursuite, le rattrape enfin et le tue.

Les combats sont maintenant achevés. Numitor rassemble le peuple des Albains et, devant cette assistance médusée, il énumère les nombreux crimes d'Amulius l'**usurpateur**. Surtout, il leur apprend qu'il a ordonné l'abandon criminel de ses neveux, livrés au fleuve alors qu'ils venaient de naître, et sauvés grâce à une louve puis recueillis par un simple berger. À ce moment arrivent Romulus et Remus qui acclament leur grand-père. La foule reprend en chœur leur ovation et proclame Numitor roi d'Albe.

Usurpateur : homme qui a pris le pouvoir par la force.

À LA CAMPAGNE, vit la majeure partie de la population italienne. Il s'agit surtout de paysans dont les principaux moyens de subsistance sont l'agriculture et l'élevage. Ces cultivateurs et ces bergers seront les premiers habitants de Rome.

Scène de labour en bronze, sculpture étrusque

Paysage italien

La louve capitoline, sculpture étrusque en bronze. Les jumeaux ont été ajoutés au XVe siècle.

Utilisation de la charrue
Les terres cultivables se trouvaient le plus souvent sur les plaines côtières. De nombreux outils servaient à cultiver les champs. Des bœufs tirant une charrue permettaient de labourer les terres. Pour moissonner, les paysans utilisaient la faucille.

❝ Ainsi, dès leur plus jeune âge, ils mènent les troupeaux avec leur père et passent le plus clair de leur temps dans les bois. ❞

Paysage italien
Avec des reliefs souvent supérieurs à 1 000 m, une chaîne de montagnes au centre du pays et peu de plaines, l'Italie est une terre aux ressources agricoles inégales. L'importance du relief montagneux a encouragé les hommes à développer l'élevage.

L'élevage

Les animaux
d'élevage étaient
les bovins (pour
le lait, le cuir, mais
également pour
effectuer les travaux
agricoles), les
chevaux, les ânes et
les mulets (pour les
transports), les ovins
(pour la laine et le
lait). Seuls les porcs
étaient élevés pour
être consommés.
Les **bergers**
qui menaient
les troupeaux
honoraient
le dieu Pan.

La vigne

Les cultures étaient
peu variées.
L'agriculture était
une agriculture
de subsistance
(destinée à
l'alimentation des
paysans) dominée
par la culture
du blé, de l'huile
d'olive et du vin.
Le vin agrémentait
les banquets et
était offert aux
dieux (libations).

Les bêtes sauvages

L'Italie était peuplée
par de nombreux
animaux sauvages.
En sauvant **Romulus
et Remus** d'une
mort certaine,
la **louve** est
devenue le symbole
de la cité de Rome.

Romulus fonde Rome

Le soleil tarde à se lever sur la cité d'Albe. Romulus est réveillé en sursaut par les cris d'une dispute qui vient d'éclater. Il se penche au-dehors et voit un marchand, entouré par quelques amis, qui invective l'un de ses compagnons, un berger :

– Je t'ai vu hier me voler des fromages, rends-les-moi !

– Ce n'est pas vrai, répond le berger en colère, je ne t'ai rien pris du tout !

Déjà une foule se presse autour d'eux. Le berger se sent menacé. Depuis qu'Amulius a été chassé du pouvoir, la cité d'Albe a retrouvé sa prospérité sous le règne du bon roi Numitor, mais ces incidents ne sont pas rares. Ils opposent invariablement les Albains aux nouveaux arrivants aux mœurs un peu rudes que sont les bergers, amis d'enfance des jumeaux. Romulus est soucieux : cela ne peut plus durer ainsi, il en a assez de ces querelles incessantes. Il décide d'aller trouver son frère :

– Albe est trop petite pour nous : les bergers sont mal acceptés et la situation empire de jour en jour. Quittons la ville de nos pères pour fonder une nouvelle cité non loin d'ici !

Remus approuve son frère. Ils n'ont aucun mal à convaincre leurs compagnons de les suivre.

Étrurie : région du centre de l'Italie.

Sur les bords du Tibre, à la limite du Latium et de l'**Étrurie**, s'étend une petite plaine marécageuse entourée de sept collines. C'est là que Romulus et Remus ont été allaités par la louve puis recueillis par Faustulus. C'est là également qu'ils ont décidé de bâtir leur cité. Ils explorent à présent les lieux : Romulus arpente la plaine tandis que Remus se rend sur l'une des

collines. Lorsque les deux frères se rejoignent, ils ne sont pas d'accord. Le choix du site de la cité provoque leur première dispute :

– C'est dans la plaine, au pied de la colline du Palatin, que nous devons fonder notre ville, dit Romulus. Elle est certes marécageuse mais nous la **drainerons**. Nous pourrons alors bâtir une ville au plan quadrillé obéissant aux règles de la logique.

Drainer : assécher un espace envahi par les eaux.

– Le lieu que tu as choisi ne peut en aucun cas convenir. Le Tibre en débordant risque de balayer ta ville si parfaite ! De même, comment espères-tu la défendre ? Il faut construire notre cité sur ces hauteurs, dit-il en désignant

Aventin : une des
sept collines de Rome.

le mont **Aventin**. Elle sera mieux protégée contre d'éventuelles attaques.

– Ton site convient autant que le mien, lui répond Romulus. Demandons aux dieux de trancher. Va dans ta ville et moi je resterai sur le Palatin : Jupiter choisira l'emplacement en nous envoyant un signe. Celui qui recevra l'approbation du roi des dieux deviendra également le roi de cette nouvelle cité.

– Eh bien soit, mon frère, puisque l'âge ne peut déterminer qui de nous deux est supérieur à l'autre, Jupiter tranchera !

Chacun s'installe et se met à scruter le ciel. Romulus et Remus attendent longtemps un signe du dieu de la foudre : des heures s'écoulent ainsi. Alors que tous deux commencent à désespérer, six vautours apparaissent en premier à Remus. Il est fou de joie. Ces oiseaux sont envoyés par Jupiter pour lui indiquer qu'il a fait le bon choix. Il dévale alors l'Aventin avec quelques compagnons. Tous doivent vite apprendre, se dit-il, en particulier son frère, que Jupiter lui a donné raison et qu'il est le nouveau roi. À son arrivée, Romulus et ses compagnons se sont levés : ils montrent du doigt douze vautours qui survolent les marécages et manifestent bruyamment leur joie :

– N'as-tu pas vu que Jupiter m'a adressé en premier un

signe d'approbation ? C'est sur le lieu que j'ai choisi que nous bâtirons notre ville !

– Jupiter t'a peut-être envoyé six vautours, mais il m'en a envoyé douze. C'est donc à moi que revient le droit de fonder notre nouvelle cité et d'en choisir l'emplacement.

À ces mots, Romulus tourne le dos à son frère et, sans plus se préoccuper de lui, se met à tracer les limites de sa ville. Furieux, Remus referme le sillon au fur et à mesure que son frère le creuse. D'un ton menaçant, Romulus proclame alors :

– Je tuerai quiconque franchira cette limite qui est celle de ma ville. Tu ne fais pas exception, Remus !

Sans hésiter, Remus tire de sa poche un couteau et franchit la limite interdite. Romulus se saisit à son tour d'une arme et un violent combat s'engage entre les deux frères. Des compagnons de Romulus et de Remus prennent également part à l'affrontement. Soudain, Remus s'écroule au bord du sillon creusé par Romulus. Il gît sans vie. Romulus réalise que, sous l'effet de la colère, il vient de tuer son propre frère. Fou de chagrin, il fond en larmes. Le jour même, il organise des funérailles somptueuses : un cortège solennel porte le corps au sommet de la colline où celui-ci voulait fonder sa ville. C'est là que Romulus a décidé d'enterrer son frère.

Pour ne pas se laisser submerger par son chagrin, Romulus se consacre ensuite à la construction de sa ville. De l'Étrurie voisine, il fait venir des prêtres qui lui expliquent les règles à respecter pour fonder une ville et ne pas contrarier les dieux. Romulus fait creuser une fosse circulaire dans la plaine afin que chacun de ses compagnons y dépose une poignée de sa terre d'origine : désormais, tous ces hommes venus d'horizons les plus divers ne forment plus qu'un seul peuple, ils sont devenus les habitants de la cité de Romulus.

Mais comment appeler cette cité ? Romulus ne la consacre pas à un dieu en particulier, il choisit de lui donner son nom : Rome. N'est-il pas le fondateur de cette nouvelle cité ? Il peut dès lors tracer les limites du mur d'enceinte sans que personne ose, cette fois-ci, s'opposer à lui. Il s'attelle à une charrue dont le soc d'**airain** creuse un sillon régulier. Une vache et un bœuf tirent cette charrue. Lorsqu'il a terminé, Romulus rassemble ses compagnons et leur dit :

– Le **pomerium** est un espace sacré. À l'avenir tout homme qui franchira cette enceinte les armes à la main sera mis à mort.

Les compagnons de Romulus se mettent ensuite au travail : sous le rude soleil d'été ils vont chercher dans les forêts avoisinantes le bois nécessaire aux travaux. Ils élèvent les murs d'enceinte puis construisent des cabanes. Au bout de quelques semaines, la nouvelle cité, Rome, a fière allure.

Airain : nom du bronze chez les Anciens.
Pomerium : enceinte sacrée de Rome. À l'intérieur de cet espace, il était interdit d'enterrer des morts ou de porter des armes.

Rite de fondation d'une cité

Mur de Servius Tullius

LA FONDATION DE ROME par Romulus est traditionnellement datée de 753 av. J.-C. Il ne reste aucune trace archéologique de cette Rome des premiers temps. Jusqu'à l'arrivée des rois étrusques, elle n'était qu'un petit village.

Une urne-cabane

Les limites d'une cité

Reprenant la tradition étrusque, les Romains multipliaient les **rites de purification au moment des fondations**. Deux bêtes tiraient une charrue et traçaient le sillon qui délimitait les murailles de la cité.

La muraille de Servius Tullius

Édifiée par le roi étrusque Servius Tullius au VIe siècle av. J.-C., elle remplaçait la muraille en bois de Romulus et enserrait un espace bien plus important. Avec les rois étrusques, Rome devint enfin une cité importante.

Les urnes-cabanes

Ces offrandes, sortes de petites maisons construites en bois, représentent l'habitat des premiers Romains.

«Ils dressent les murs d'enceinte puis construisent des cabanes. Au bout de quelques semaines, la nouvelle cité, Rome, a fière allure.»

Plan de Rome
La cité de Rome englobait sept collines, d'où son nom de «ville aux sept collines». Le temple de Jupiter sur le Capitole était le centre religieux de la cité, tandis que la place du forum en était le cœur politique.

La *cloaca maxima*
Les rois étrusques édifièrent un système d'égouts et de canalisations afin d'assainir la cité de Rome. La *cloaca maxima* allait du Tibre au forum.

Colline du Viminal

Colline du Quirinal

Temple de Jupiter

Colline du Capitole

Forum

Colline de l'Esquilin

Cloaca maxima (égout)

Colline du Palatin

Colline de Caelius

Colline de l'Aventin

La Rome de Romulus (VIIIᵉ siècle av. J.-C.)

Extension de la ville étrusque (fin VIIIᵉ siècle av. J.-C.)

Mur de Servius Tullius (VIᵉ siècle av. J.-C.)

Cloaca maxima

L'enlèvement des Sabines

Le peuple des Sabins est fier et **belliqueux**. Il ne craint personne et aucune muraille ne protège ses cités : ses guerriers sont son unique rempart.

Belliqueux : personne qui aime faire la guerre.

Les Sabins regardent avec méfiance Romulus fonder sa cité à proximité de leur territoire. Ils accueillent les ambassadeurs romains sans animosité, nouent des relations de voisinage, mais refusent de s'allier avec cette cité de pillards.

À Rome, Romulus veut savoir quel est le destin que les dieux tout-puissants, qui siègent sur l'Olympe, réservent à son œuvre. Il consulte un prêtre :

– Ta cité deviendra le centre du monde connu et nul ne pourra s'y opposer quand elle aura grandi, lui répond le serviteur des dieux. Mais attention, elle est à l'orée de sa vie, dans cet âge de l'enfance elle risque de disparaître à jamais si aucune postérité n'est assurée !

Après avoir écouté les dieux, Romulus convoque ses principaux compagnons :

– Rome est devenue en peu de temps une cité puissante. Nous ne redoutons personne. Pourtant, sans femmes, notre puissance risque de s'éteindre à la prochaine génération. Aucun peuple ne veut s'unir avec nous. J'ai envoyé des ambassadeurs dans toute la région mais nul n'a répondu à notre appel. Les dieux protègent notre cité et ne peuvent accepter qu'elle disparaisse avec nous. Si ces peuples ne veulent pas mêler leur sang au nôtre, nous les y forcerons !

Héraut : homme chargé de délivrer des messages.

Peu après, Romulus dépêche des **hérauts** auprès

de toutes les cités sabines. Il convie les habitants à participer à des jeux en l'honneur de **Consus**. À cette occasion, la statue du dieu qui est enterrée toute l'année retrouve la lumière du jour. Les jeux sont un divertissement rare et Romulus sait qu'il va attiser la curiosité de ses voisins. Les Sabins arrivent de toutes les cités alentour. Aucun ne veut manquer de telles réjouissances ! Quelle n'est pas leur surprise lorsqu'ils parviennent à Rome : ils s'attendaient à voir un village et face à eux se dresse une ville avec des remparts de bois !

Consus : dieu vénéré en Italie que l'on confond souvent avec Neptune.

Les Sabins sont invités comme spectateurs et comme participants. En l'honneur du terrible Consus, les Romains organisent une course hors de la ville, autour du temple du dieu. Le spectacle commence. À cheval, sur un mulet ou un âne, les concurrents se tiennent prêts. Au signal du roi Romulus ils s'élancent. L'attention des Sabins est captée par la course : l'un des leurs est en tête.

– Nous sommes les meilleurs cavaliers d'Italie ! clame fièrement l'un des Sabins en administrant une petite tape sur l'épaule d'un Romain, assis près de lui.

Celui-ci, au lieu de suivre la course, ne quitte pas des yeux son roi qui préside le concours. Il attend le signal de Romulus pour agir. Au deuxième tour, Romulus se lève. Il écarte d'un geste ample son manteau **pourpre** puis s'en entoure à nouveau. C'est le signal.

Pourpre : couleur rouge foncé le plus souvent réservée aux rois.

Une partie des Romains se précipitent alors

vers un groupe de jeunes Sabines qui, un peu à l'écart de la foule, suivent avec attention les jeux. Avant même que les Sabins ne se rendent compte de la situation, ces guerriers prennent dans leurs bras les jeunes filles qui se débattent en poussant des cris. Alertés, les pères et les frères des Sabines tentent d'arrêter les ravisseurs. D'autres Romains s'interposent alors, brandissant des armes qu'ils tenaient jusque-là cachées sous leur manteau. Ils les empêchent de porter secours aux jeunes Sabines. Au milieu des cris, l'une d'elles injurie le roi Romulus. Il lui répond :

– Tout ceci est la faute de vos pères, Sabine. Ils nous ont refusé ce qui pour tout homme est légitime. Chacune d'entre vous épousera un Romain. Cette union sera irréversible. Vous deviendrez des Romaines. Avec le temps votre cœur s'apaisera et vous serez heureuse de cet **hymen**.

Dans les cités sabines, chacun a revêtu les vêtements du deuil. Les larmes succèdent aux lamentations. Les pères des jeunes filles enlevées décident de s'adresser au roi de tous les Sabins, le puissant Titus Tatius.

– Ces Romains sont des barbares, s'écrie l'un des pères. S'ils nous ont invités, c'est pour s'emparer de nos filles au mépris de toutes les règles de l'hospitalité. Ils ont souillé de **perfidie** la fête du dieu Consus. Ces offenses ne peuvent rester impunies !

Titus Tatius les écoute et leur promet de mener

Hymen : nom ancien du mariage.
Perfidie : fait de ne pas respecter la parole donnée.

une guerre contre les Romains si les jeunes filles ne reviennent pas dans leurs foyers. Il envoie à Rome une ambassade, mais les parents des jeunes filles enlevées s'impatientent. Ils décident de lancer une expédition afin de reprendre leurs filles aux Romains. Le territoire des Romains est envahi et saccagé, mais un bref combat suffit à Romulus pour défaire les envahisseurs. Au même moment l'ambassade revient avec comme unique message le refus des Romains. Le roi Titus Tatius décide alors que, ne pouvant vaincre aisément les Romains par la force, c'est par la ruse qu'il délivrera les Sabines.

Tarpeia est l'une des vestales chargées de veiller à ce que jamais le feu de la cité ne s'éteigne. Elle est la fille du commandant de la citadelle de Rome sur les hauteurs de la ville. Titus Tatius connaît sa **cupidité**. Il n'a aucun mal à la convaincre de trahir sa patrie contre de l'or lorsqu'il la rencontre aux abords de la cité, près du bois sacré.

Cupidité : désir immodéré de s'enrichir.

– Je t'aiderai, dit-elle au roi des Sabins. Je montrerai à tes hommes un chemin mal gardé. Mais que recevrai-je en échange ?

– Tu recevras ce que tu exigeras, lui répond Titus Tatius.

– Que chacun de tes hommes qui entrera dans Rome me remette ce qu'il porte au bras gauche, dit-elle.

Tarpeia sait en effet que les Sabins portent habituellement

un lourd bracelet d'or et des anneaux ornés de pierres pré-
cieuses au bras gauche. Le soir venu, elle guide les soldats
dans la cité. Lorsque tous sont rentrés, Tarpeia exige sa
récompense. Titus Tatius n'aime pas la traîtrise, mais il
entend respecter sa promesse. Il jette au visage de Tarpeia
le bracelet tant convoité, mais lui lance aussi le bouclier
qu'il tient dans sa main gauche. Il est imité en cela par les
autres Sabins. Tarpeia est écrasée sous les projectiles. Pour
unique salaire, elle reçoit la mort.

Grâce à cette trahison, les Sabins se rendent maîtres de
la citadelle. Au petit matin, les Romains s'aperçoivent de
la trahison en découvrant le corps de Tarpeia. Tous les

hommes se regroupent en ordre de bataille au pied de la citadelle. Ils hésitent à prendre d'assaut la colline. La position des Sabins est bien meilleure que la leur. Les Romains partent à l'assaut de la citadelle, mais rapidement ils sont mis en déroute par les Sabins qui les poursuivent. Romulus tente de retenir les fuyards, mais l'effroi gagne tous ses hommes.

Désespéré, il implore Jupiter :

— Père des dieux, je promets de t'élever ici même un temple. Mais je t'en conjure, redonne le courage nécessaire aux Romains.

À ces mots la foudre retentit. Les soldats qui fuyaient

s'arrêtent. Jupiter exauce le vœu de Romulus en insuf-
flant aux Romains un nouvel élan guerrier.

À présent Sabins et Romains s'affrontent dans la plaine.
Les deux camps se battent avec acharnement et nul ne
peut prédire lequel des deux sera victorieux. Le combat
de deux adversaires aussi déterminés risque de causer de
lourdes pertes. Les Sabines ne peuvent s'y résoudre car,
avec le temps, elles se sont attachées à leur mari. Elles se
précipitent sur le champ de bataille. L'idée de perdre leur

père ou leur mari leur est insupportable. Elles se jettent aux pieds des combattants. Chacun est ému par cette scène et les combats s'arrêtent aussitôt. Titus Tatius et Romulus s'avancent et concluent la paix.

Les deux peuples sont désormais étroitement unis. Les Sabines jadis enlevées sont heureuses de retrouver leur famille après cette longue séparation. Elles ne veulent plus avoir à choisir entre deux peuples. Elles se sentent Sabines autant que Romaines. Tous décident dès lors d'unir les deux États. Titus Tatius et Romulus deviennent donc tous les deux rois de ce nouvel État.

LES DIVERTISSEMENTS

rythmaient la vie quotidienne des premiers Romains, car ils étaient le plus souvent destinés à honorer les dieux. Les citoyens les plus riches se réunissaient à l'occasion de banquets agrémentés de réjouissances variées comme la danse ou le théâtre, tandis que la foule se pressait aux combats. Parmi ces loisirs, la musique tenait une place prépondérante et accompagnait chaque événement de la vie dans la cité.

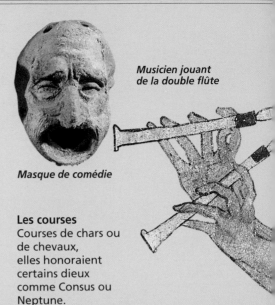

Musicien jouant de la double flûte

Masque de comédie

Les courses
Courses de chars ou de chevaux, elles honoraient certains dieux comme Consus ou Neptune.

Les banquets
Fastueux, témoignant d'un art de vivre des plus raffinés, les banquets étaient très importants chez les Étrusques. Les citoyens les plus riches s'y retrouvaient pour discuter.

À la différence des femmes grecques, les femmes étrusques y étaient admises, ce qui montre la place essentielle qu'elles occupaient dans cette société.

> **66** En l'honneur du terrible Consus, les Romains organisent une course hors de la ville, autour du temple du dieu. À cheval, sur un mulet ou un âne, les concurrents se tiennent prêts. **99**

La musique

Omniprésente dans la société étrusque, la musique accompagnait tous les actes de l'existence. Nombre d'activités comme la chasse ou la guerre s'effectuaient au rythme de la musique. Des instruments à vent proches du hautbois étaient utilisés à cet effet. Les Étrusques jouaient également de la double flûte et de la lyre à sept cordes. Les danseurs se mouvaient au rythme d'instruments à cordes proches de la cithare.

Le théâtre

Il prit d'abord la forme de danse et de mime. Par la suite, des chants et des improvisations dialoguées lui donnèrent une forme plus classique. Il était présent dans certaines fêtes ou cérémonies religieuses (mariage, enterrement).

La lutte

Les combats, en particulier la lutte et la boxe, étaient très prisés. Sous l'œil de l'arbitre, les lutteurs tentaient de faire tomber leur adversaire. Celui qui y parvenait à trois reprises gagnait le combat.

Numa, le roi sage

La petite cité de Rome est en émoi : Romulus, son roi, a disparu. Avec l'ensemble des Romains il s'est rendu, au-delà des murs de la ville, en ce lieu que les Anciens nomment «le Marais de la chèvre». Là-bas, alors qu'il s'apprêtait à célébrer des sacrifices en l'honneur des dieux, une nuée noire a brusquement recouvert le ciel bleu, plongeant les hommes rassemblés dans l'obscurité la plus totale. Au même moment le tonnerre a retenti, annonçant une violente tempête et aussitôt les Romains se sont dispersés à la recherche d'endroits où s'abriter. Depuis cet orage, Romulus n'est pas réapparu et nul ne sait ce qu'il est advenu de lui.

Quelques jours se sont écoulés depuis cette disparition et l'inquiétude a gagné le cœur de tous les Romains. Sur la grande place de la cité, les conversations vont bon train et tous s'interrogent. Certains pensent que Romulus a été assassiné, d'autres soutiennent qu'il a été enlevé. Soudain, un homme arrive en courant, il est à bout de souffle. C'est Proculus, l'un des plus fidèles compagnons de Romulus. Rapidement la foule fait cercle autour de lui. Il s'adresse à elle en ces termes :

– Laissez-moi vous raconter ce qui m'est arrivé ! Lorsque la tempête a éclaté, je me trouvais non loin de notre roi. Comme vous tous, je m'apprêtais à fuir lorsque je fus le témoin d'un prodige. J'ai vu de mes yeux Romulus s'élever vers les cieux. Son armure étincelante brillait de mille feux. Aveuglé par cette lumière divine, je suis tombé inconscient. Écoutez-moi bien et réjouissez-vous : notre roi nous a quittés pour prendre place auprès des dieux. Il nous faut maintenant l'honorer non plus comme un homme, mais comme un immortel !

À cette nouvelle le trouble des Romains s'apaise aussitôt. Pourtant une question se pose : Rome n'a plus de roi, qui va donc pouvoir remplacer le valeureux Romulus ?

– Il faut élire un nouveau roi, crie l'un des citoyens.

L'assemblée tout entière approuve cette idée, mais les habitants de Rome sont divisés. Les anciens compagnons du roi veulent que Proculus succède à Romulus, tandis que les Sabins qui vivent à Rome sont favorables à l'un des leurs appelé Velesus. Les deux hommes décident de se rencontrer.

– Proculus, mon ami, dit Velesus, depuis la mort de notre souverain Titus Tatius nous autres Sabins avons été fidèles au roi Romulus. Jamais nous n'avons troublé la paix de Rome ni même envisagé de **sédition** contre celui que nous considérions comme notre roi. Nous réclamons donc maintenant que le nouveau souverain soit l'un des nôtres. Il scellera ainsi l'union définitive de nos deux peuples.

Sédition : révolte contre un gouvernement.

Après l'avoir écouté avec la plus grande attention Proculus lui fait cette offre :

– Les Romains éliront seuls un nouveau roi, mais ils le choisiront parmi le peuple des Sabins !

Velesus approuve et tous acceptent cette proposition. Contre toute attente les Romains élisent très rapidement leur nouveau roi : le Sabin Numa Pompilius.

Numa fait l'unanimité et pourtant jamais il n'est venu à Rome ! Ainsi, le peuple romain ne le connaît pas, mais sa sagesse et sa piété sont réputées dans tout le pays. Titus Tatius lui a donné autrefois sa fille Tatia en mariage. Avec elle, il a choisi de vivre loin de la cour et de ses intrigues. Aux honneurs et au luxe, Numa et Tatia ont préféré une vie simple dans la cité de Cures.

Numa et sa femme vivaient heureux depuis plus de treize ans lorsque le malheur les frappa : Tatia mourut subitement, laissant son époux inconsolable. Il en éprouva une telle tristesse qu'il décida de fuir la compagnie des hommes et de se retirer du monde. C'est depuis ce temps-là que Numa prit l'habitude de faire de longues marches seul dans la nature.

Un jour, lors de l'une de ces promenades dans les bois, il voit une **nymphe** assise au milieu d'une clairière. Loin d'être effarouchée, elle l'aborde :

Nymphe : divinité secondaire des montagnes, des bois et des eaux.

– Qui es-tu, noble étranger ? Tu sembles bien seul et malheureux…

– Je suis Numa, fils de Pompilius et gendre du roi Tatius, mais la vie m'est hélas un fardeau depuis que j'ai perdu celle que j'aimais.

– Le temps qui passe est un fleuve où coule l'oubli, toi aussi tu t'y baigneras…, lui répond-elle.

Les jours suivants, Numa retourne voir la belle nymphe. Celle-ci se prend d'affection pour cet homme aux yeux si doux et si tristes. En sa compagnie, Numa retrouve le goût de vivre.

Cela fait bien des années que Numa a rencontré la nymphe. Une barbe blanche orne à présent son visage. Ce soir-là, il a invité son père et son cousin Martius à partager son repas. Ils sont déjà arrivés, aussi est-il surpris d'entendre à nouveau frapper chez lui et quel n'est pas son étonnement en voyant deux hommes sur le pas de sa porte. Ce sont Velesus et Proculus, les émissaires des Romains. Sans attendre, ils lui exposent leur requête :

– Romulus, notre roi, nous a quittés pour rejoindre les dieux de l'Olympe. Les Romains t'ont choisi pour lui succéder !

Après avoir écouté attentivement les deux ambassadeurs, Numa leur répond en ces termes :

– Tout changement de vie est dangereux pour un homme. J'ai toujours goûté une vie de **méditation** et d'étude loin des affaires du monde. En devenant roi je serai au cœur de ce monde. Honorer et servir les dieux est mon seul désir. Rome, cette cité bel-

Méditation : attitude où se mêlent réflexion prolongée et prière.

liqueuse, a-t-elle vraiment besoin d'un roi qui tourne le dos à la guerre ? Pour toutes ces raisons je ne puis accepter cet honneur.

Cette réponse, par son honnêteté et sa modestie, achève de convaincre les deux ambassadeurs que Numa serait le meilleur des rois. Sans relâche, ils tentent de le persuader d'accepter leur offre.

Lorsque ils se retirent enfin, Martius prend la parole :

– Tu ne peux refuser la royauté. En devenant roi tu pourras adoucir le cœur des Romains, les détourner de la guerre et en faire des serviteurs des dieux.

Après un court moment d'hésitation, Numa se range à cet argument décisif. Il se décide à quitter sa cité de Cures pour devenir le deuxième roi de Rome.

Numa apporte à Rome la paix ! Durant son règne le temple du terrible Janus, ouvert en temps de guerre, demeure fermé. Ainsi, après des années de conflits, le nouveau roi réussit à transformer le cœur des Romains, autrefois si belliqueux. Il en fait des hommes **pieux** : la vie quotidienne de la cité est désormais rythmée par les cérémonies et les sacrifices en l'honneur des dieux.

Pieux : qui respecte et honore les dieux.

Mais un jour, un grand malheur s'abat sur la ville. Dans toute l'Italie, une terrible épidémie décime les habitants.

La population est épouvantée. Les Romains multiplient les sacrifices en vain : les dieux restent muets. Jour après jour le désespoir gagne les habitants de la cité.

Numa décide alors de consulter sa fidèle amie, la nymphe Égérie :

– Au nom de mon peuple, je te demande d'**intercéder** auprès des dieux afin d'épargner la ville de Rome. Les Romains n'honorent-ils pas justement les dieux maintenant ? Ont-ils suscité sans le vouloir leur courroux ? Méritent-ils un tel châtiment ?

Intercéder : user de son influence en faveur de quelqu'un.

– Sage Numa, les dieux sont bienveillants à l'égard de la ville aux sept collines. Écoute-moi bien : bientôt du ciel tombera un bouclier de cuivre et sa possession vous protégera pour toujours des maladies. Ce bouclier est un présent des dieux. Il doit demeurer à tout jamais dans Rome. Tu tâcheras d'en faire fondre onze autres absolument identiques à celui-ci. Ainsi si d'aventure quelqu'un essaie de le dérober, il ne saura lequel prendre.

Après cette entrevue, Numa s'en retourne à Rome. Durant son absence le prodige a eu lieu : un bouclier de cuivre est tombé du ciel. Numa s'en saisit et miracle ! Aussitôt la maladie disparaît de la cité. Le roi convoque alors Veturius Mamunus et lui demande de fondre onze autres boucliers. L'habile artisan se met à l'ouvrage. Les copies sont parfaites et Numa lui-même ne peut discerner lequel est le présent des dieux.

Depuis ce temps-là, le bouclier divin protège la cité de Rome contre les épidémies.

L'ITALIE EST UNE MOSAÏQUE DE PEUPLES

aux coutumes et aux langues très différentes. Cependant, dès l'époque archaïque, un long processus d'unification culturelle de l'Italie commence autour des civilisations étrusque et grecque.

Temple grec de Ségeste, en Sicile

Les Italiques

Des peuples d'Italie comme les Lucaniens, les Samnites ou les Sabins développent une civilisation brillante au contact des Étrusques et des Grecs.

> **« Le Sabin Numa fait l'unanimité et pourtant jamais il n'est venu à Rome ! »**

Art étrusque

Casque italique en bronze

Les Étrusques

En Étrurie, les douze principales cités sont des États indépendants qui possèdent chacun leurs institutions politiques. Ceux-ci forment une ligue (association) qui, chaque année, se réunit lors de célébrations religieuses.

Les Grecs

Ils s'installent en Sicile ainsi que dans le sud de l'Italie dès le début du VIIIe siècle av. J.-C. Cette nouvelle patrie est appelée par les Grecs eux-mêmes la «Grande-Grèce». La peinture et l'art grec sont bientôt imités par les peuples voisins.

Guerrier samnite

Guerriers samnites, peinture funéraire

Les Gaulois

À partir du VIe siècle av. J.-C., les Gaulois, peuple **celte**, multiplient les incursions dans le nord de l'Italie. Le **torque (collier),** qu'ils portaient, autour du cou était un des éléments qui les distinguaient des autres peuples.

Les Samnites

Habitant dans les montagnes du sud de Rome, le peuple samnite a été longtemps dominé par les Étrusques. Mais au Ve siècle av. J.-C. ces farouches guerriers chassent les Étrusques de toute la Campanie.

Torque et collier celte

Les Horaces et les Curiaces

Le roi Numa s'est éteint sans descendants. Le peuple de Rome est en deuil. Chacun pleure ce roi qui a su entretenir la paix avec les hommes et les dieux. Chacun pleure ce père qui traitait tous les Romains comme ses fils. Le nouveau roi de Rome est un Sabin, mais tout le sépare du sage Numa : le valeureux Tullus Hostilius est jeune et **impétueux.** C'est avec fougue qu'il s'adresse aux Romains après son élection :

Impétueux : impatient et passionné.

– Citoyens ! Notre cité a prospéré pendant bien des années. Elle s'est cependant endormie. Les ennemis de notre peuple se tiennent à nos portes. Aurons-nous la valeur et le courage de les repousser si notre cité est agressée ? La gloire et la grandeur de Rome exigent plus que la simple défense de notre cité. Il nous faut des conquêtes !

Les citoyens applaudissent le discours du nouveau roi. L'occasion de guerres et de nouvelles conquêtes ne tarde pas à se présenter rapidement. Aux confins des territoires d'Albe et de Rome, des paysans romains ont volé du bétail et les Albains, en guise de représailles, en ont fait autant. Prenant prétexte de ces différents incidents, Tullus Hostilius déclare officiellement la guerre à la cité d'Albe.

Horatia se tient dans le jardin de la maison de son père avec celui qu'elle aime : Curiace, un jeune soldat d'Albe. La belle Romaine commente avec amertume la nouvelle :

– Cette guerre est injuste. Les habitants d'Albe et de Rome ne sont-ils pas comme des frères ! Ne sont-ils pas les descendants de ces Troyens qui ont jadis été chassés de leur patrie ! Je ne comprends pas qu'une guerre puisse ainsi éclater entre ces deux peuples.

– Tu dis vrai, lui répond Curiace. Votre roi ne cherche pas la grandeur de Rome mais la sienne.

– Il est temps que tu partes, Curiace, en t'attardant ici tu risques d'être fait prisonnier. Prends ce manteau que je t'ai confectionné. J'aimerais que tu le portes en souvenir de moi. Je ne t'oublierai jamais, dit-elle en soupirant.

– En toute circonstance je le porterai et quand la guerre sera finie, je viendrai te retrouver ici même. Une guerre ne saurait contrarier notre amour.

C'est le cœur lourd qu'Horatia voit son fiancé s'éloigner.

Quelques jours après, Rome est en effervescence : tous les hommes en âge de se battre s'apprêtent à quitter la cité. Sur le seuil de leur maison, Horatia embrasse ses trois frères qui s'en vont au combat. Ils ont hâte de se mesurer aux Albains et ils partent rapidement, sans se retourner.

Sous les murs d'Albe, les deux armées se font face. Elles se préparent à l'affrontement. Soudain, les Romains voient arriver un messager albain. Mettius Fufetius, l'homme qui commande l'armée d'Albe, demande, par l'entremise de son héraut, une entrevue à Tullus Hostilius avant d'engager le combat. Le roi de Rome accepte et chacun des deux commandants s'avance avec quelques officiers. L'Albain prend la parole en premier :

– Mon peuple m'a désigné pour faire la guerre et tel est mon devoir. Je ne chercherai pas à savoir qui a raison des Albains ou des Romains. C'est l'ambition qui pousse ainsi deux peuples apparentés à livrer bataille. Je tiens cependant à attirer ton attention sur ce point : nos puissants voisins, les Tyrrhéniens, observent avec intérêt nos querelles. Vainqueurs ou vaincus, nos peuples sortiront épuisés et à bout de forces. Quelle proie facile constitueront-ils pour de si dangereux voisins !

Tullus Hostilius écoute en contenant sa fureur :

– Quelle solution proposes-tu pour régler nos querelles ?

– Eh bien, qu'un combat singulier oppose des champions des deux cités. Les soldats survivants donneront la victoire à leur peuple. L'autre peuple se soumettra totalement aux vainqueurs.

– Je ne peux qu'accepter cette solution qui épargnera le sang de mes hommes.

Devant les dieux tout-puissants de leurs cités, ils jurent tous deux de respecter solennellement leur engagement. Les champions des deux peuples sont tout désignés. Parmi les deux armées il y a des triplés du même âge. La coïncidence est un signe des dieux. Les trois frères Horaces défendent la cause de Rome face aux trois Curiaces. Ils sont encouragés par leurs compagnons d'armes qui ne peuvent cependant intervenir à aucun moment du combat. Parmi les soldats, simples spectateurs, la tension est terrible. Les yeux rivés sur les combattants, ils retiennent leur souffle. Le signal est donné. En position de combat les jeunes hommes, armés d'épées et de boucliers, se lancent à l'attaque. Indifférent au danger, chacun pense aux enjeux de la bataille. Ils se battent pour que leur nation soit la plus forte. Les coups portés sont d'une rare violence. L'assemblée reste sans voix.

Les boucliers ne suffisent pas à protéger les combattants. Rapidement le sang coule : deux Curiaces sont blessés. Les champions d'Albe restent cependant debout et poursuivent le combat. Soudain, un des Horaces s'effondre. La mort du Romain est applaudie par les Albains. Le combat se poursuit avec plus de fureur encore. Le troisième Albain est blessé à son tour, mais au même moment

un autre Horace s'écroule. Dans les rangs albains la joie éclate. Certes leurs champions sont blessés, mais ils sont trois à faire face à un seul adversaire.

Un vent de désespoir gagne l'armée romaine. Comment Horace pourrait-il tenir tête à ces trois guerriers ? Horace, qui n'a reçu aucune blessure, sait que son unique chance de vaincre les Curiaces est de les affronter successivement. Il prend donc la fuite afin de séparer ses adversaires blessés qui emploient leurs dernières forces à le poursuivre. À une certaine distance du lieu du combat, il se retourne afin de voir où sont ses ennemis. Tous le poursuivent, mais ils sont éloignés les uns des autres. Un des

Curiaces courant à vive allure le suit de près. Horace ralentit et se tourne vers lui. D'un geste vif, il le transperce de part en part avec son épée. L'Albain tombe à ses pieds. Il se dirige alors rapidement vers son deuxième adversaire. Les Romains l'encouragent et, avant que l'autre Curiace ne l'ait rejoint, il tue ce deuxième ennemi. Le troisième est maintenant face à lui. Il est épuisé par la course et grièvement blessé. Curiace n'a plus la force de tenir ses armes. Sans hésiter, Horace lui plante violemment son épée dans la gorge. Un flot de sang jaillit. L'ayant ainsi tué, il lui retire son manteau et le brandit en signe de victoire.

Les Romains acclament leur champion victorieux. Les deux armées enterrent à présent leurs morts. Les troupes romaines regagnent leur patrie. En tête du cortège défile Horace.

À l'annonce du retour de l'armée victorieuse, Horatia, la sœur des Horaces, se dirige vers la porte de la ville. Reconnaissant sur les épaules de son frère le manteau offert à Curiace, elle éclate en sanglots et invoque le souvenir de son fiancé défunt. Horace, qui l'aperçoit, est furieux. Il marche vers sa sœur d'un pas rapide tout en tirant son épée.

– Pars rejoindre ton fiancé, sœur indigne, s'écrie-t-il en lui plongeant la lame en plein cœur. Tu oublies tes frères morts au combat, tu oublies ta patrie. Seul compte ton amour. Que périssent ainsi toutes les Romaines qui pleurent un ennemi !

Le peuple est indigné d'un tel crime. Horace est arrêté et traduit devant le roi Tullus Hostilius qui nomme, conformément à la loi, deux juges. Les deux juges condamnent Horace à être battu à mort et pendu. Horace en appelle au peuple pour faire annuler la sentence des juges. Son père, Publius, prend la parole. Les larmes coulent sur son visage marqué par les années :

– Peuple de Rome, deux de mes fils sont morts à votre

service. Le troisième a fait de nous un peuple libre. Ma fille par son attitude a mérité sa mort. J'avais, il y a peu de temps, une grande famille. Vous vous apprêtez à m'ôter mon unique enfant survivant. Ô peuple de Rome, j'implore votre **clémence**.

Clémence : le fait de pardonner une offense ou d'atténuer une punition.

Horace, bien que coupable, est acquitté par l'assemblée des citoyens, émue par la tristesse d'un père. La bravoure du héros efface son crime.

L'ARMÉE ROMAINE s'est façonnée au contact des cités alentour et d'autres peuples. En effet, dès sa fondation, Rome livra de nombreuses batailles à ses proches voisins et, peu à peu, son armée modifia ses techniques de combat, son organisation, son armement et adopta une nouvelle stratégie.

Casque étrusque

Guerrier étrusque

Guerrier étrusque combattant les Amazones

L'armée romaine
C'est le roi étrusque de Rome, Servius Tullius, qui créa la légion (une armée de 4 000 hommes) au VIᵉ siècle av. J.-C. Tous les hommes libres possédant un bien étaient enrôlés dans cette armée. Chaque citoyen romain était tenu de payer son armement.
Les plus riches servaient dans la cavalerie, les plus pauvres dans l'infanterie légère, les autres dans l'infanterie lourde.

L'armement
Il était composé d'un casque, d'une cotte de mailles, et d'un bouclier. Les soldats étaient également armés d'une lance, d'un javelot pour atteindre un adversaire éloigné, ainsi que d'une épée courte (glaive).

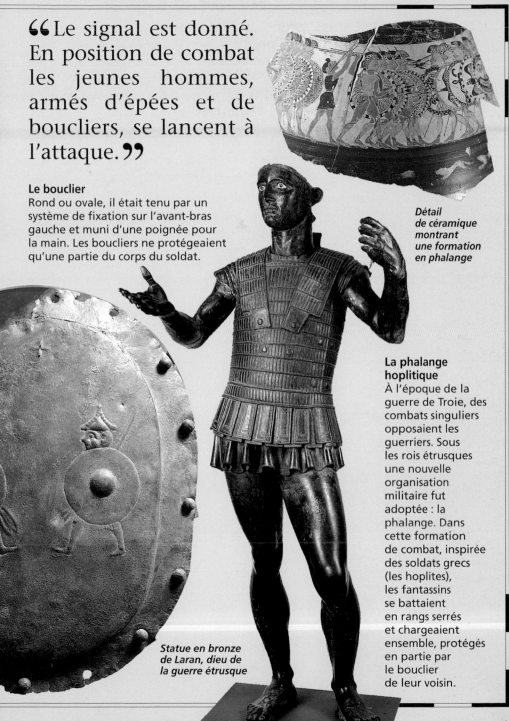

❝Le signal est donné. En position de combat les jeunes hommes, armés d'épées et de boucliers, se lancent à l'attaque.❞

Le bouclier
Rond ou ovale, il était tenu par un système de fixation sur l'avant-bras gauche et muni d'une poignée pour la main. Les boucliers ne protégeaient qu'une partie du corps du soldat.

Détail de céramique montrant une formation en phalange

La phalange hoplitique
À l'époque de la guerre de Troie, des combats singuliers opposaient les guerriers. Sous les rois étrusques une nouvelle organisation militaire fut adoptée : la phalange. Dans cette formation de combat, inspirée des soldats grecs (les hoplites), les fantassins se battaient en rangs serrés et chargeaient ensemble, protégés en partie par le bouclier de leur voisin.

Statue en bronze de Laran, dieu de la guerre étrusque

Tarquin le Superbe

Les derniers rayons du soleil achèvent de baigner une riche demeure romaine. Dans le jardin, à l'ombre des cyprès, deux amants se sont donné rendez-vous. Depuis plusieurs semaines déjà Lucius Tarquin retrouve secrètement Tullia, la fille du roi Servius Tullius. Un même tempérament de feu les anime.

Se saisissant de sa main, Tullia dit à Lucius :

– Pourquoi la Fortune ne nous a-t-elle pas unis ?

– Le sort en a décidé autrement, lui répond Lucius. J'ai épousé ta sœur, et toi mon frère. Ils ont ce même caractère paisible qui nous est odieux ! Les dieux se sont moqués de nous !

– Imagine seulement notre hymen : tu deviendrais rapidement l'homme le plus puissant de Rome ! Comme ton père, Tarquin l'Ancien, tu régnerais sur notre cité...

– Le jour de son arrivée à Rome, le bonnet de mon père lui fut enlevé par un aigle. Ma mère, qui savait lire dans le vol des oiseaux la volonté des dieux, comprit que le roi des dieux réservait à notre famille un destin hors du commun !

Dessein : intention, projet.

– Tu dois succéder à mon vieux père, le trône te revient de droit. Ah, si seulement ton frère et ma sœur ne faisaient pas obstacle à nos **desseins** !

Les deux amants se quittent au crépuscule, dévorés par une insatiable ambition. Peu de temps après, pourtant, les dieux exaucent leurs prières : le mari de Tullia et l'épouse de Lucius meurent de façon mystérieuse. Tullia ne tarde pas à annoncer à son père son intention d'épouser Lucius Tarquin. À cette nouvelle, le roi entre dans une terrible colère :

– Comment oses-tu parler de mariage dans tes vêtements de deuil ? Tes larmes ont-elles séché si vite ? Je ne veux pas que tu épouses celui qui était le mari de ta propre sœur alors même que tu viens à peine d'enterrer ton mari !

– Sache que je me marierai aujourd'hui même, avec ou sans ton consentement…

Désormais, Lucius et Tullia sont mari et femme. À la mort de Servius Tullius, Lucius doit lui succéder. Il est pourtant toujours aussi impatient d'accéder au pouvoir. Chaque jour, la jeune Tullia provoque l'orgueil de son mari ; elle attise ses propres désirs et le pousse à agir :

– Si tu n'as pas l'audace de ton père qui, venu d'Étrurie, est devenu roi de Rome, alors retourne là-bas vivre dans la médiocrité ! Tu ne fais pas honneur à tes ancêtres !

C'est jour de marché à Rome. Les éleveurs venus de la proche campagne ont investi le forum. Des cris s'élèvent de toutes parts, tous espèrent vendre leurs bêtes au meilleur prix. L'animation est à son comble lorsque soudain Lucius Tarquin apparaît, entouré d'hommes en armes. Du haut des marches de la **curie** le jeune prince interrompt toute activité en s'adressant aux Romains :

Curie : lieu de réunion des principaux conseillers des rois (sénateurs).

– L'usurpateur Servius Tullius est là depuis bien trop longtemps. Sa folie guerrière mène notre cité à la ruine, il est temps que cela cesse !

Lucius prend alors sans hésiter la place du roi dans la curie. Mais déjà Servius Tullius accourt.

– Que se passe-t-il, Tarquin ? lui dit-il en lui jetant un regard noir de colère. Qui t'a permis de prendre ma place de mon vivant ? Comment oses-tu t'adresser aux Romains sans mon consentement ?

– Tu occupes le trône de mon père... Qu'il revienne à ma famille ! lui répond avec insolence Lucius.

Et, joignant le geste à la parole, il empoigne le malheureux vieillard et le précipite du haut des marches. Sans plus se soucier du roi blessé qui perd abondamment son sang, Tarquin poursuit son discours...

Les Romains ont à présent peur de cet homme cruel et impitoyable. Seuls quelques compagnons du roi lui portent secours. En chemin vers le palais, ils sont rattrapés par des hommes de main de Tarquin qui ont reçu l'ordre d'achever le travail de leur maître : ils tuent sans pitié Servius Tullius et ses fidèles serviteurs.

Tarquin est désormais roi de Rome. Secondé par sa femme, il exerce un pouvoir **tyrannique**. En secret, de nombreux Romains lui donnent le surnom de Tarquin le Superbe, c'est-à-dire l'orgueilleux. Nul n'ose s'opposer à lui.

Tyran : homme qui exerce seul le pouvoir en abusant de son autorité.
Capitole : l'une des sept collines de Rome.

Afin d'honorer Jupiter qui a fait de lui le roi de Rome, Tarquin érige un temple sur le **Capitole**. En creusant les fondations, les ouvriers découvrent

une tête humaine intacte ! Aussitôt consultés, les devins étrusques interprètent sans hésiter ce signe des dieux : Rome sera un jour la tête du monde. C'est cependant un autre prodige qui tourmente le roi. Aujourd'hui des ouvriers effrayés viennent le trouver : un serpent mons-trueux est sorti d'une colonne de bois. Surmontant sa peur, Tarquin se rend sur le chantier et voit le reptile s'éloigner de la ville. Depuis, cette vision ne le quitte pas, ce serpent lui est familier... N'est-ce pas l'esprit de sa famille qui s'éloigne de Rome ? La royauté va-t-elle lui échapper ?

Dispendieux : qui dépense son argent sans compter.

Le train de vie de Tarquin est **dispendieux**, il

aime le luxe et multiplie les banquets. Une nouvelle fois ses caisses sont vides. Il compte sur le pillage de la capitale de ses riches voisins, Ardée, pour s'enrichir.

La ville est vite encerclée par les soldats romains, mais le siège d'Ardée s'avère plus difficile que prévu et menace de durer. Dans leurs tentes, Sextus, le fils de Tarquin, et son cousin Collatin trompent leur ennui en buvant du vin et en évoquant leur vie à Rome. Un soir, ils se mettent à parler de leurs épouses. Chacun vante les vertus de la sienne. Sous l'effet de l'alcool, la discussion s'anime. Collatin prend alors la parole :

– Les mots ne servent à rien, seuls les actes comptent. Sautons sur nos chevaux et gagnons à l'improviste nos demeures : nous verrons bien à quoi s'occupent nos femmes en notre absence. Je suis sûr que ma chère Lucrèce l'emportera en sagesse.

Les deux jeunes hommes partent alors à bride abattue et arrivent à Rome juste avant le coucher du soleil. La femme de Sextus se trouve au palais royal. Elle prend part à un banquet et semble beaucoup s'amuser. Elle ne s'inquiète nullement du sort de son mari. Les jeunes gens se rendent ensuite dans la demeure de Collatin. Lucrèce s'y tient parmi les servantes. Elle y file la laine. La jeune femme fait bon accueil à son époux et à son compagnon. Sa beauté et sa vertu suscitent aussitôt le désir de Sextus qui a hérité de son père un tempérament impétueux.

Quelques jours après, il se rend à l'insu de Collatin chez Lucrèce. Tous les hommes sont restés sous les murs d'Ardée et il n'a aucun mal à convaincre Lucrèce qu'il est de retour pour une mission secrète. Celle-ci accueille sans méfiance le compagnon de son mari. Après le repas, un serviteur conduit Sextus à sa chambre. Mais celui-ci n'a qu'un désir, retrouver la belle Lucrèce.

Au beau milieu de la nuit, elle le voit avec effroi arriver dans sa chambre. Ses yeux ont une expression sauvage, il tient une arme à la main. Sans respect pour cette femme sans défense, il abuse d'elle puis l'abandonne en larmes.

Lorsque son père et Collatin arrivent le lendemain, Lucrèce ne cache pas son désespoir.

– Que t'arrive-t-il, ma chère Lucrèce, s'écrie Collatin en la voyant, pourquoi tes cheveux sont-ils en désordre, que signifient ces larmes ?

– Comment une femme déshonorée peut-elle encore regarder son mari ? Ma douleur est sans limites : Sextus Tarquin a trahi ta confiance, il est venu dans ma chambre et a abusé de moi cette nuit. Que vais-je devenir ?

En vain, le père et le mari cherchent-ils à apaiser le tourment de la jeune femme. Celle-ci ne supporte pas l'outrage qu'elle a subi : lorsqu'elle se retrouve seule, elle saisit un poignard et, de désespoir, le plonge dans sa poitrine.

À la vue du corps de Lucrèce, les deux hommes sont accablés de douleur. Ils n'ont qu'une pensée : venger sa mort ! Ils portent le corps de la malheureuse sur le forum. Brutus, leur ami, exprime alors ce que tous les Romains pensent :

– Regardez cette pauvre femme d'une vertu exemplaire ! Qu'a-t-elle fait de mal ? L'infâme Sextus a trompé son innocence et, pendant qu'elle gît là, il guette une nouvelle proie, peut-être l'une de vos filles ! À l'égal de son père, il ne respecte rien, pas même les liens sacrés du mariage. Rappelez-vous comment Tarquin le Superbe a tué notre roi, son beau-père, comment il mène des guerres pour son profit personnel. Le fils viole nos filles, le père risque la vie de nos fils dans des combats hasardeux. Il est temps de chasser de Rome cette famille qui lui devient funeste.

Apprenant ce mouvement de rébellion, Tarquin quitte Ardée et accourt devant Rome. Malgré ses injonctions, les portes de la ville restent fermées. Le peuple de Rome fête la fin de la tyrannie. Tarquin est chassé de Rome, Rome n'a plus de roi.

TROIS ROIS ÉTRUSQUES ont gouverné Rome après le règne des souverains sabins. Les Étrusques passaient pour être, dès l'Antiquité, de redoutables guerriers maîtrisant le fer, des hommes pieux mais également des pirates.
Ils avaient cependant une réputation de «mollesse» sans doute liée à l'extrême raffinement de leur art de vivre, comme en témoignent les fresques extraordinaires peintes sur les murs des nécropoles funéraires.

Fresque, détail d'un banquet

❝ Aussitôt consultés, les devins étrusques interprètent sans hésiter ce signe des dieux : Rome sera un jour la tête du monde. **❞**

Le travail du métal
Les artisans étrusques travaillaient le fer grâce au minerai de fer dont regorgeait leur sous-sol.
Le bois des forêts d'Étrurie servait de combustible dans les hauts fourneaux.
Ils installèrent des forges sur l'île d'Elbe et sur le littoral qui lui fait face, et, dès le VIIIᵉ siècle av. J.-C., atteignirent la maîtrise de l'art du fer. Leurs ateliers métallurgiques développèrent une industrie prospère qui produisait en série une vaisselle et, surtout, d'exceptionnelles statues en bronze telle la **chimère d'Arezzo**.

La chimère d'Arezzo

La peinture étrusque

Elle est surtout connue par les **fresques** qui décoraient les murs des fastueux tombeaux de l'aristocratie étrusque. Il s'agissait là d'offrir aux défunts un décor digne de leur rang. Ces fresques constituent un témoignage admirable de la vie quotidienne des élites étrusques. Dans un espace consacré à la mort, elles dégagent une impression de vie intense et représentent souvent des thèmes joyeux comme le banquet, les jeux, la compétition, la chasse, la pêche, ainsi que des scènes humoristiques.

Collier en or étrusque

Parures et ornements

Les orfèvres d'Étrurie ont déployé dès le VIIᵉ siècle av. J.-C. une grande habileté dans le travail de l'or. Ils reprennent les techniques d'artisans grecs et orientaux en les perfectionnant. Les **colliers**, les boucles d'oreilles ou les décorations présentent une grande originalité. La technique utilisée est celle de la granulation : de minuscules boules d'or (grains) sont soudées à une plaque. Les dames de la haute société étrusque se couvraient ainsi de bijoux qu'elles emportaient dans leur tombe.

LA NAISSANCE DE ROME : ENTRE MYTHE ET HISTOIRE

Les origines de la cité de Rome s'inscrivent entre histoire et légendes. Les poètes et les historiens de Rome, qui écrivent six ou sept siècles après les faits et en proposent plusieurs versions, peuvent eux-mêmes avoir du mal à distinguer ce qui relève du mythe et ce qui relève du récit historique.

VIRGILE ET L'*ÉNÉIDE*

Nombreux sont les auteurs, latins ou grecs, qui narrent les aventures d'Énée. Cependant, ils ne s'intéressent qu'à la dimension historique du personnage. Avec Virgile (Ier siècle av. J.-C.), c'est tout un univers mythologique qui se découvre. Dans l'*Énéide*, long poème qui se décompose en douze chants, Virgile raconte à la façon des poètes grecs (les aèdes) l'épopée du Troyen Énée. Les dieux y sont omniprésents. Junon s'ingénie à perdre Énée tandis que la mère du héros, Vénus, multiplie les interventions pour le guider ou le protéger. Avec l'*Énéide* c'est bien le premier acte de la légende de la fondation de Rome qui s'est joué.

PLUTARQUE, DENYS D'HALICARNASSE ET TITE-LIVE

Des historiens reprennent les récits de la fondation de Rome et de l'époque des premiers rois. Ils rappellent au lecteur les légendes qui entourent les principaux héros mais cherchent avant tout à établir des faits. Le Grec Plutarque (Ier siècle apr. J.-C.) a effectué de nombreux séjours à Rome. Dans

L'*Énéide*
Cette épopée commence par la fuite de Troie et se poursuit par un long voyage qui mène Énée et ses compagnons en Crète, à Carthage, en Italie et enfin dans le royaume des morts. Ce long voyage qui couvre les six premiers chants n'est pas sans rappeler celui d'Ulysse, de retour en Ithaque après la chute de Troie dans l'*Odyssée*. La seconde partie de l'*Énéide*, par sa succession de batailles, évoque les scènes de combats acharnés sous les murs de Troie de l'*Iliade*.

Virgile (70-19 av. J.-C.), tableau de la Renaissance

ses *Vies parallèles* il associe un grand personnage de l'histoire grecque à un grand personnage de l'histoire romaine. Sa *Vie de Romulus* est une source exceptionnelle d'informations sur le premier roi de Rome, qu'il compare au roi légendaire d'Athènes, Thésée. Le règne du Sabin Numa est lui aussi bien connu par la *Vie de Numa Pompilius*.

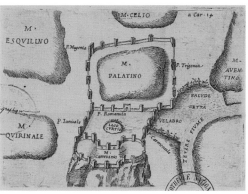

La Rome de Romulus à sa fondation, gravure du XVIIe siècle

Le Grec Denys d'Halicarnasse (Ier siècle av. J.-C.), qui vécut pendant près de trente ans à Rome, composa en grec une longue histoire de Rome en vingt livres, les *Antiquités romaines*. Il y reprend des auteurs plus anciens dont les écrits ont aujourd'hui disparu.

Contemporain de Virgile, Tite-Live écrivit en latin une monumentale *Histoire de Rome* en cent quarante-deux livres. Une grande partie de cette œuvre a disparu, mais les livres sur les origines de la cité ainsi que sur la royauté nous sont parvenus dans leur quasi-intégralité. Tout comme l'*Énéide*, cette *Histoire de Rome* est rédigée à l'époque de l'empereur Auguste, à un moment où Rome domine l'ensemble du monde méditerranéen. Aussi Tite-Live y montre-t-il l'inexorable ascension du peuple romain. Reprenant des auteurs plus anciens dont les écrits ne nous sont pas parvenus, comme Valerius Antias, Fabius Pictor ou Caelius Antipater, Tite-Live livre au lecteur une foule d'informations sur les origines de Rome. Le combat des Horaces et des Curiaces, le viol de Lucrèce sont autant d'épisodes rapportés par un auteur sensible au courage et à la vertu.

Les origines troyennes de Rome
Les origines de Rome n'ont pas toujours été brillantes. Mais dans l'*Énéide*, Virgile, reprenant une tradition ancienne, fait du fils de la déesse Vénus, Énée, un des fondateurs de Rome, et donne ainsi aux Romains une raison d'être fiers de leurs origines. Dans la culture latine, l'*Énéide* devient le plus grand des poèmes, l'équivalent des poèmes homériques. Pour de nombreux écoliers, l'*Énéide* est alors le livre d'apprentissage incontournable.

Volterra © Scala; h : Ségeste, temple grec © B. Morandi/ Hoa-Qui ; d : Casque italique, bronze, IV^{er} siècle av. J.-C., coll. Musée archéologique, Naples © Dagli-Orti

99 h : Guerriers Samnites, fresque, coll. Musée national, Naples © Gallimard/Univers des Formes ou Gallimard-La Photothèque; b : Guerrier Samnite, bronze, Ve siècle av. J. C. coll. Musée du Louvre, Paris © RMN ; bd : Collier et torque celte, argent, IIIe siècle av. J.-C., coll. Musée archéologique, Brescia © Dagli-Orti

110 g : Sarcophage des Amazones, détail, vers 370 av. J.-C., coll. Musée archéologique, Florence © Giraudon; hd : Casque étrusque, coll. Musée de la Villa Giulia, Rome © Scala; bd : Guerrier, bronze, VIe siècle av. J.-C., coll. Musée du Louvre, Paris © RMN

111 bg : Bouclier, art étrusque, coll. Musée archéologique, Forli © Artephot/ Nimatallah; hd : Guerriers, détail de vase, peinture de Macmillian, céramique, 640-

630 av. J.-C., coll. Musée de la Villa Giulia © Artephot/ Nimatallah; bd : Mars, bronze, 380-370 av. J.-C. , coll. Musée du Vatican © Alinari-Giraudon

122 hd : Scène de banquet Larth Velcha, tombe des boucliers, Tarquinia © A. Held/Artephot; bg : Chimère d'Arezzo, bronze, Ve siècle av. J.-C., coll. Musée archéologique, Florence © Dagli-Orti

123 bg : Tête de femme, tombe de l'ogre, Tarquinia, fin IVe siècle av. J.-C. © Giraudon ; hd : Collier de Tarquinia, IVe siècle av. J.-C., coll. Musée de la Villa Giulia © Nimatallah/Artephot

124 : Virgile par Signorelli, chapelle de San Brizio © Roger-Viollet

125 : La Rome de Romulus à sa fondation, gravure, XVIIe siècle © B.N.

BIBLIOGRAPHIE

L'Histoire du peuple romain, Découvertes Junior, Gallimard-Larousse, 1991

S. James, Rome la Conquérante, Les Yeux de la Découverte, Gallimard Jeunesse, 1991

P. Miquel, Au temps des Romains, Hachette Jeunesse, 1992

C. Estin, H. Laporte, J. Vachon, Le Livre de la mythologie grecque et romaine, Découvertes Cadet, Gallimard Jeunesse, 1996

Tite-Live, La Fondation de Rome, Flammarion, 1999

J. Defrasne, Récits tirés de l'histoire de Rome, Pocket Junior, 1998

P. Bardi, L'Antiquité : la Grèce et Rome, Atlas de l'histoire, Nathan, 1999

J. Martin, Alix, Le Tombeau étrusque, Casterman, 1969

SITES INTERNET

GÉNÉRAUX

http://histgeo.free.fr /sixieme.html

Archéologie http://www.israel-mfa.gov.il/mfa/go.as p?MFAH0fyk0

Visite du Louvre :

http://www.louvre.fr /francais/collec/ao/ao _f.htm

Sur Rome http://www.unicaen. fr/rome/maquette.ht ml http://www.unicaen. fr/rome/sommaire.sh tml

http://www.siba.fi/~ kkoskim/rooma/pag es/MCIVILTA.HTM

http://www.ukans.e du/history/index/eur ope/ancient_rome/F/ Roman/home.html

Direction éditoriale : Maylis de Kerangal **Direction artistique :** Élisabeth Cohat

SUR LES TRACES DES FONDATEURS DE ROME

Graphisme : Raymond Stoffel Christine Régnier **Édition :** Françoise Favez Maylis de Kerangal **Iconographie :** Anaïck Bourhis

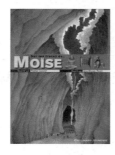

DANS LA MÊME COLLECTION :

Sur les traces...

des dieux d'Égypte - de Moïse -
d'Ulysse - de Jeanne d'Arc -
d'Alexandre le Grand - de Jules César -
de Jésus - du roi Arthur - d'Aladdin -
de Marco Polo - de Christophe
Colomb - de Léonard de Vinci
des Pirates - des Vikings